LA ORACIÓN de JABES

para Mujeres

CÓMO ENTRAR A *una*

VIDA *de* BENDICIÓN

DARLENE MARIE WILKINSON

Publicado por
Editorial Unilit
Miami, Fl. 33172
Derechos reservados
© 2002 Editorial Unilit (Spanish translation)
Primera edición 2002

© 2002 por Darlene Marie Wilkinson
Originalmente publicado en inglés con el título: *The Prayer of Jabez for Women*
por Multnomah Publishers, Inc.
204 W. Adams Avenue, P. O. Box 1720, Sisters, Oregon 97759, USA
Todos los derechos reservados.

Originally published in English under the title: *The Prayer of Jabez for Women*
Copyright © 2002 by Darlene Marie Wilkinson
Published by Multnomah Publishers, Inc.
204 W. Adams Avenue, P. O. Box 1720 Sisters, Oregon 97759 USA
All rights reserved.

Todos los derechos de publicación con excepción del idioma inglés
son contratados exclusivamente por Gospel Literature International,
P. O. Box 4060,Ontario, CA 91761-1003, USA
(All non-English rights are contracted through Gospel Literature International.)

Diseño de la cubierta: David Carlson Design
Imagen de la cubierta: Shotwell & Associates, Inc.

Traducido al español por: Nancy Pineda

Citas bíblicas tomadas de la Santa Biblia, revisión 1960 © Sociedades Bíblicas Unidas,
"Biblia de las Américas" © 1986 The Lockman Foundation, y Santa Biblia, Nueva
Versión Internacional © 1999 por la Sociedad Bíblica Internacional.
Usadas con permiso.

Producto 497813
ISBN 0-7899-1017-9
Impreso en Colombia
Printed in Colombia

QUÉ PRIVILEGIO DEDICAR ESTE LIBRO A CINCO MUJERES
MUY ESPECIALES EN MI VIDA:

mi madre, Susie
mi suegra, Joan
mis hijas, Jennifer y Jessica
mi nuera, Angie

GRACIAS POR SER UNA BENDICIÓN PARA MÍ.

⚒ Reconocimientos ⚒

Detrás de cada libro están las caras sonrientes de esos que colaboraron para hacer todo esto posible. Deseo agradecerles especialmente a:

Mi dotada editora y amiga Heather Harpham Kopp, quien con amable dirección e invaluable instrucción hizo que el proceso de escritura fuera un placer.

Al equipo de oración de Caminata Bíblica y al Comité de Oración por su amor y apoyo en orar la oración de Jabes y buscar las fronteras en expansión.

Anne Ortman, Doris Radandt y Janis Simmons por las agradables horas de ideales geniales juntas.

Los muchos amigos que hicieron sugerencias contaron sus historias y brindaron su tiempo de modo que este libro llegara a la línea final.

Mi amorosa familia, quien oró por mí, me animó y permanecieron comprensibles a fin de que cumpliera la fecha de entrega.

Mi maravilloso esposo y mejor amigo, Bruce, quien con su inspiración e incondicional amor me motivó a lograr mi sueño.

Y sobre todo a mi increíble Dios, quien me bendijo con su benevolencia y amorosas misericordias, ¡de veras!

Contenido

Carta de Darlene para usted

Si se parece a mí, es probable que en algún momento u otro mire hacia el camino en el que va viajando y piense: *¿Es esto todo lo que hay o tengo más en este viaje a través de la vida que estoy experimentando en la actualidad?*

Esta es una magnífica pregunta.

Y la pequeña oración que quiero presentarle va a ayudarla a encontrar la respuesta. Se trata de una sola oración con cuatro partes y está localizada en una parte casi desconocida de la Biblia. Sin embargo, creo que esta contiene un poderoso secreto que tiene el potencial de cambiar su viaje de lo ordinario a lo extraordinario. Por supuesto, esto nunca fue un «secreto», pero entonces, ¿todo no es un secreto para nosotros hasta que lo descubrimos?

Creo que Dios desea que encuentre por usted misma lo asombroso en esas cuatro peticiones hechas por un hombre llamado Jabes. Es más, usted es una respuesta a mi oración que Dios entregara este mensaje en las manos y los corazones de millones de mujeres alrededor del mundo. ¿Quiere unirse a mí en este viaje para toda la vida?

¡Oro que lo haga!

Darlene

CAPÍTULO UNO

Creadas para más

Cada verano espero con ansias asistir a nuestro desfile anual en nuestra ciudad por el cuatro de julio. Este año el tiempo es perfecto: soleado y cálido y con una ligera brisa. Cientos de personas se alinean a lo largo de las calles, que están comentando con expectación. Me las ingenio para colocarme en una mejor posición en la multitud a medida que nuestra banda del preuniversitario dobla la esquina. El sonido de las trompetas llega a mis oídos. Por último, los caballos, los payasos y las carrozas ya están a la vista.

Es entonces que la noto: a unos pocos pasos a mi derecha está una niñita de cabellos rubios y rizados. Está parada de puntillas, estirando su pequeño cuerpo

Está parada de puntillas, estirando su pequeño cuerpo tan alto como le es posible.

tan alto como le es posible para ver por encima de las cabezas de los niños que están frente a ella. Poco después, un hombre muy grueso se mueve al frente de la niña y ella solo alcanza a mirar la parte de atrás de su cinto. Mientras la observo, ella comienza a saltar sin parar, desesperada por tratar de captar mejor el panorama. Por último, incapaz de resolver su frustración por más tiempo, grita: «¡No puedo ver, papi! Quiero ver más».

Un hombre alto y de agradable aspecto que estaba parado a poca distancia, la alcanzó y con ternura la cargó en sus brazos. Ella sonrió con deleite. Al fin era capaz de disfrutar por completo del desfile.

Dios tiene un plan especial para bendecirle abundantemente y entonces bendecir a otros a través de usted.

Ese es el cuadro que me viene a la mente cuando pienso en lo que pasa cuando Dios sabe que me estoy «estirando para ver mejor» de mi vida. Es como si me levantara en sus amorosos brazos y me mostrara algo que no podía ver desde mi actual o limitada perspectiva.

La poderosa y pequeña oración acerca de la cual tengo que hablarle es también sobre cosas vistas desde una nueva posición estratégica. Creo que Dios le trajo a este libro porque desea mostrarle algo sorprendente y maravilloso acerca de sus intenciones para usted. Dios tiene un plan especial para bendecirle abundantemente y entonces bendecir a otros a través de usted, ¡y no quiere que se pierda ni un minuto de esto!

UN CAMBIO DE CORAZÓN

La primera vez que oí hablar de la oración de Jabes, no le di mucha importancia. En ese tiempo estaba muy ocupada trabajando en mi doctorado en AMDE (atender al marido durante la escuela). Después del seminario, Bruce aceptó una plaza en la docencia y yo me convertí en una mamá del hogar con nuestros dos primeros hijos, David y Jennifer. Me encantaba mi papel de esposa y madre y disfrutaba mi sueño hecho realidad.

Sin embargo, luego pasó. La interminable lista de las cosas que tenía que hacer para criar una familia, hacer los quehaceres de la casa y ser la esposa de un esposo viajero me convencieron de la verdad de esta declaración: «El trabajo de la mujer nunca acaba». No me malinterprete, algunos días me sentía como la mujer más rica del mundo. No obstante, otros días me quedaba pensando en lo que nunca había meditado: *Me crearon para más que esto.*

Otros días me quedaba pensando en lo que nunca había meditado: Me crearon para más que esto.

Mientras tanto, Bruce venía a casa de enseñar en la escuela o dar seminarios de Caminata Bíblica y me hablaba acerca de todas las cosas emocionantes que Dios estaba haciendo en su vida. Por otra parte, yo le podía contar acerca de cuántos cereales había recogido del piso, de cuántos bultos de ropa había doblado y de cuántos libros había releído a los niños. No era difícil decidir quién tenía la vida más significativa, o al menos eso era lo que pensaba.

Hasta entonces había considerado la oración de Jabes algo que podía ponérsele la etiqueta de: «Solo para hombres». Al fin y al cabo, el mismo Jabes fue un hombre, y además de mi esposo, la mayoría de las personas que conocía y oraba la oración de Jabes eran hombres.

Ahora comencé a preguntar: *¿Es esto posible? ¿Podría un pastor de ovejas que vivió hace miles de años traer bendición y abundancia a la vida de una mujer hoy? Si es así, ¿a qué se parecería?*

Estimulada por las apasionantes historias que escuché de Bruce y otros que hicieron esta oración, comencé a usar las palabras de Jabes para expresar los profundos anhelos de mi corazón. Supliqué de Dios por una mejor y mayor perspectiva de mi vida, una que revelara lo que Él tenía en mente para mí.

Con mucha amabilidad, Dios comenzó a retarme en algunas de mis primeras conclusiones. ¿Sería que mi mundo no estaba tan limitado como a veces consideraba? ¿Qué oportunidades importantes perdía y que estaban justo frente a mí para ver a Dios obrar? ¿Sería verdad que *había* nacido para más y Dios ahora me invitaba a experimentar algo grande y significativo que había pasado por alto?

Siempre que oraba la oración de Jabes, comprendía más acerca de lo que en verdad le pedía a Dios hacer. Pronto comencé a buscar su carácter, mi propia vida y las circunstancias que me rodeaban con una nueva perspectiva. Las bendiciones de Dios comenzaron a fluir en mi vida e, incluso mejor, ¡a fluir de maneras obvias para mí en la vida de otros! Deseaba seguir orando la oración de Jabes porque Dios seguía contestándola.

¿POR QUÉ JABES PARA UNA MUJER?

Como quizá haya notado, Dios está usando la oración de Jabes para cambiar millones de vidas. Hombres, mujeres y adolescentes han respondido al mensaje y se han embarcado en el viaje de Jabes. Entonces, ¿por qué escribir un libro de Jabes especialmente para mujeres?

Pronto comencé a buscar el carácter de Dios, mi propia vida y las circunstancias que me rodeaban con una nueva perspectiva.

Al principio no estaba segura que fuera una necesidad. Después de todo, el mensaje de Jabes ya tiene la intención de que sea tanto para hombres como para mujeres. Sin embargo, como las mujeres del mundo entero comenzaron a escribirle cartas a Bruce en respuesta a Jabes, noté que era importante y totalmente único para la mujer. Observé que Dios se entusiasma en responder esta oración a hombres y mujeres por igual, aunque experimentamos esas respuestas de maneras muy diferentes.

Solo esto tiene sentido. Como mujeres, enfrentamos retos distintos a los de los hombres. Sentimos diferentes tipos de tentaciones y buscamos distintos tipos de ayuda y provisión de la mano de Dios. Muchas de nosotras somos guardianas y pasamos un gran tiempo cuidando y protegiendo a nuestras familias y amigos. Como resultado, enfocamos el ministerio y las relaciones de forma distinta a los hombres.

La antigua y simple oración de Jabes es sorprendentemente idónea para la mujer de la actualidad que desea el poderoso toque de Dios en su vida.

Por esas razones y más, hay mucho que ganar al observar qué pasa cuando oramos la oración de Jabes *como mujeres*.

No le prometo que encontrará una respuesta para cada mujer en este libro, pero trataré de ayudarla a comprender lo que significa vivir a la manera de Jabes siendo *una mujer*. Antes de que termine la lectura, confío en que estará de acuerdo conmigo en que la antigua y simple oración de Jabes es sorprendentemente idónea para la mujer de la actualidad que desea el poderoso toque de Dios en su vida.

EL HÉROE OCULTO DE LA BIBLIA

Si esta es la primera vez que le presentan la oración de Jabes, quizá se diga: *He oído hablar de Moisés, David y Juan el Bautista, ¿pero quién es este Jabes?*

¿Recuerda cuándo decidió leer por primera vez 1 Crónicas? El capítulo 1 comienza con una genealogía que se origina en Adán y que dura nueve capítulos. A lo mejor ha disfrutado ejercitando sus habilidades fónicas en los más de cinco mil nombres como Sefatías o Aholibama. Sin embargo, mi invitado es ese del segundo capítulo de nombres que eran difíciles de pronunciar, que pasó a través de los versículos tratando de encontrar dónde comenzaba la historia. ¡Ay!, a lo mejor así fue como pasó por alto a Jabes, quien no aparece hasta el capítulo 4.

Oculto en el medio del árbol genealógico de Israel está la historia de un hombre que se encontraba de puntillas, tratando de ver por encima de los obstáculos que tenía frente a él. Dos versículos cortos nos dan una breve ojeada a este hombre y a su manera de orar:

> Y Jabes fue más ilustre que sus hermanos, y su madre lo llamó Jabes, diciendo: Porque lo di a luz con dolor. Jabes invocó al Dios de Israel, diciendo: ¡Oh, si en verdad me bendijeras, ensancharas mi territorio, y tu mano estuviera conmigo y me guardaras del mal para que no me causara dolor! Y Dios le concedió lo que pidió. (1 Crónicas 4:9-10, LBA)

¿Notó que Jabes no se anuncia con antelación en las Escrituras por sus increíbles talentos o dones? Nada se menciona acerca de cómo contribuyó ni qué logró. Dios indica que era «más ilustre». Eso debiera animarnos porque nuestro honor e integridad son cualidades que ninguno de nosotros puede esforzarse por conseguir. Cuando oramos, Dios está mucho más inclinado a escuchar y contestar nuestras oraciones solo como lo hizo por Jabes.

A esta altura quizá también se pregunte: *¿Le concedió Dios la petición a Jabes solo porque era ilustre? ¿O hubo algo especial en lo que oró?*

Esa es una buena pregunta. Puesto que Dios consideró a Jabes «ilustre» y luego decidió incluir su oración en la Biblia, podemos estar seguros de que lo consideró un ejemplo digno de destacar para todos nosotros. Sin embargo, esta no es la única razón para que la oración de Jabes sea eficaz. Como ya está a punto de descubrir, aunque Jabes vivió y oró miles de años antes del tiempo de Jesús, su oración es un maravilloso ejemplo de cómo nos enseñó a orar.

Dios indica que Jabes era «más ilustre».

Echemos un vistazo a las cuatro partes clave de la oración de Jabes:

Oh, si en verdad me bendijeras,
ensancharas mi territorio,
y tu mano estuviera conmigo
y me guardaras del mal.
(1 Crónicas 4:10, LBA)

Es probable que a simple vista estas cuatro peticiones parezcan ser muy simples, incluso sin importancia. Aun así, le aseguro que oculto debajo de cada línea está un principio bíblico de oración que cambia la vida.

La oración de Jabes no es una fórmula mágica, ni debiera ser la única oración que haga. Aunque a medida que miramos más de cerca cada petición de Jabes, descubriremos por qué a Dios le encanta responder tal oración. Y comprenderá por qué orando de esta manera puede liberarse lo milagroso en su vida.

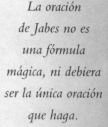

CUANDO DIOS SE INCLINA

¿Dije precisamente «milagroso»?

Sí, ¡lo dije! ¿No sería magnífico ir de una vida en la que lo trivial, como las citas, las tareas, los viajes en grupo, parezcan una regla hacia una vida en la que vea que los milagros ocurren con regularidad? ¿No le encantaría ver que

La oración de Jabes no es una fórmula mágica, ni debiera ser la única oración que haga.

ocurran cosas en su vida que sabía que solo eran posibles porque Dios se inclinara y dijera «sí» a algo por lo que oró?

Mi amiga Peggy dice que tenía todo, pero abandonó la idea de que los milagros ocurrieran en su vida. Entonces comenzó a orar la oración de Jabes, y Dios empezó a contestarle de maneras asombrosas. Una de las más emocionantes tenía que ver con una relación restaurada. «Hacía años que no tenía esperanzas de que alguna vez mi enemistada hermana, Jessie, pudiera poner los pies en la puerta de mi casa otra vez», explicó. «Sin embargo, ¡había orado la oración de Jabes por solo unos pocos días cuando recibí una llorosa llamada telefónica de Jessie! Me pidió perdón por los errores del pasado y me dijo que deseaba que fuéramos hermanas otra vez». Añadió: «Si conocieras la historia de mi familia, ¡comprenderías que este era un milagro inmenso!»

Quizá la idea de esos tipos de milagros le parezca un poco intimidante. O a lo mejor da la idea de que pedir por «más» en la vida parece sobrecogedor.

Dios en verdad desea que le pida en fe por sus generosas bendiciones.

Eso era lo que Dianne pensaba cuando leyó por primera vez *La oración de Jabes*. Ocupada con un esposo, dos hijos gemelos y un trabajo a tiempo parcial de enfermera, se preguntaba: *¿Por qué desearía más cuando mi vida ya se siente como si estuviera a punto de estallar?*

Sin embargo, debido a que la oración era corta, y porque en verdad tenía deseos de un sentido de importancia en su vida, Dianne comenzó a orar la oración. Durante las pocas semanas siguientes, Dios la bendijo de muchas maneras, incluyendo un ascenso en el trabajo que le daría más tiempo libre y una invitación a enseñar en una clase de damas de la Escuela Dominical en su iglesia... algo que deseaba hacía muchísimo tiempo.

«Ahora me doy cuenta de que Dios en verdad desea que le pida en fe por sus generosas bendiciones —dice Dianne—. Y cuando envía nuevas oportunidades, porque su mano está sobre mí, ¡no complican más mi vida si no que la hacen más significativa!»

Hace más o menos un año experimenté el tipo de respuesta significativa a la oración que describe Dianne. Durante unas vacaciones familiares, le pedí a cada miembro de la familia que orara para que el Señor me capacitara a fin de animar a más mujeres. Disfrutaba a plenitud mis oportunidades actuales para el ministerio, el cual incluía la dirección de nuestro equipo de oración y la tutoría con regularidad de varias jóvenes. Sin embargo, sentía cada vez más la urgencia cuando oraba: *¡Amplía mi territorio, Señor!*

Dios contestó cada oración más allá de lo que me había imaginado.

En ese tiempo, me imaginaba que Dios incrementaría el número de mujeres que asistían a nuestra reunión mensual de oración o a lo mejor me invitaban a hablar en un retiro de mujeres de la iglesia.

En lugar de eso, menos de dos meses más tarde, ¡me invitaron a enseñar en una conferencia de todo el día para mujeres en Sudáfrica!

Nunca hubiera pensado en una conferencia de todo un día. Incluso, nunca había escrito en un cuaderno para mis conferencias y, desde luego, nunca había ido al África. ¿Se estaban ampliando mis fronteras? Sí. ¿Salí de mi zona de comodidad y necesité la mano del Señor sobre mí? ¡Sin duda alguna!

¿Y esperaba lo que hizo Dios? Él contestó cada oración más allá de lo que me había imaginado. Cuando me paré delante de las mil bellas mujeres en esa iglesia de Sudáfrica, me sentí sobrecogida del Dios que respondió a mi oración de Jabes.

El plan de Dios para usted quizá no incluya un viaje al extranjero, pero puede estar segura de que le dará todo lo que necesita para hacer cualquier cosa que le pida. Él le ayudará a extender el escenario de su vida para que tome y mantenga todas las bendiciones que desea derramar sobre usted.

Quizá como Dianne, ya leyó *La oración de Jabes* y experimentó algunos milagros asombrosos, pero ahora tiene preguntas acerca de cómo mantener una vida tan estimulante. A lo mejor ha visto obrar a Dios de maneras poderosas, pero sigue deseando una más profunda comprensión de lo que significa experimentar la mano de Dios sobre usted.

O tal vez este es su primer encuentro con la oración de Jabes. De cualquier manera, ha venido al lugar adecuado. Si es una mujer de negocios, una mamá que está en casa, una jubilada o una estudiante de la universidad, Dios está esperando que lo llame como lo hizo Jabes. ¿Está preparada para decirle a Dios: «¡Quiero ver más!»?

Dios está impaciente por levantarle en sus brazos y mostrarle las otras cosas para las que fue creada.

CAPÍTULO DOS

Invitadas a pedir

OH, SI EN VERDAD
ME BENDIJERAS.

 A duras penas, Bruce y yo podíamos contener nuestra alegría. Al fin nuestro hijo estaba aquí y ahora la gran pregunta era: ¿Qué nombre le íbamos a poner? ¿Sería el de James Franklin por nuestros padres? ¿O un recio nombre bíblico como el de Caleb? Recuerdo que pensaba: *Quiero que este pequeño niño crezca para que se parezca solo a su papá, quien busca a Dios como... el rey David.* ¡Así va a ser! La elección fue David Bruce.

La simple elección del nombre adecuado para un hijo es importante para cada madre. Al fin y al cabo, nuestra oración es que lo vivirá por el resto de su vida. Creo que la madre de Jabes tenía la misma preocupación por su hijo. Sin embargo, en los tiempos bíblicos a menudo las madres escogían los nombres afines con la apariencia de sus bebés o por la circunstancia del nacimiento de ellos. A lo mejor eso explica por qué cuando llegó el gran día, «su madre lo llamó Jabes, diciendo: Porque lo di a luz con dolor».

Solo podemos suponer qué penosísima circunstancia haría que esta madre rodeara para siempre a su bebé con la palabra hebrea para dolor: *Jabes*. Quizá experimentó un embarazo especialmente dificultoso o un parto doloroso. (Cuando nuestra hija Jennifer tuvo a nuestro nieto de cuatro kilos y siete gramos, podría haberle llamado: ¡Ayayay!) A lo mejor el bebé no venía de cabeza o el parto duró muchos días antes que hiciera entrada en el mundo. Recuerde, no había anestésicos ni analgésicos para aliviar el dolor del parto.

Imagine lo que sería para Jabes atravesar toda su niñez con semejante nombre.

Cualquiera que fuera la razón de la madre, imagine lo que sería para Jabes atravesar toda su niñez con semejante nombre. No solamente provocaba las bromas de sus amigos, sino también que le proyectaba sombras sobre su futuro. Ya ve, en los tiempos bíblicos el nombre de un hombre se percibía como una profecía acerca de su perspectiva en la vida. Jabes, al parecer, estaba destinado a causar dolor en otros y a experimentar él mismo mucho dolor.

Quizá piense: *Mi madre tendría que haberme llamado: ¡Ajjj!, debido a que quería un hijo. O a lo mejor el nombre de Error porque estaba arrepentida de tenerme, o al menos así lo sentí durante mi niñez.* Tal vez en su pasado le hayan dado nombres negativos o usted haya usado palabras negativas para describirse, tales como *inútil*, *rechazada* o *maltratada*.

Cualesquiera que sean las circunstancias de su vida hasta ahora, ¡su pasado no tiene que ser una fotografía de su futuro! Creo que Jabes comprendió esto. Ese es el porqué, a pesar de su infortunado comienzo, Jabes decidió creer algo acerca de Dios que cambió su historia para siempre. Creyó que la naturaleza de Dios era para bendecir y que Él no solamente lo podía hacer, sino también que *deseaba* inclinarse para bendecirlo a él... ¡y que él bendijera a un montón!

¿Cómo logró Jabes tal visión global de Dios? A lo mejor su mamá le habló en su niñez acerca del Dios de Israel que hizo milagros tras milagros para sus antepasados. Quizá se sintió retado por la historia de Jacob que luchó toda la noche con el ángel y dijo: «¡No te soltaré hasta que me bendigas!» (Génesis 32:26). Todo lo que sabes es que Jabes oró: «Oh, si en verdad me bendijeras».

¡Su pasado no tiene que ser una fotografía de su futuro!

En el lenguaje hebreo, cuando se usaban las palabras *en verdad*, era como añadir cinco signos de exclamación o escribirlas en letras mayúsculas y subrayadas. Jabes no se dormía, sintiéndose acongojado, ni musitaba entre dientes una oración sin entusiasmo. Dios a propósito comenzaba a bendecirlo y a darle una «mejor vista» de lo que Él tenía en mente para su vida.

Y eso es exactamente lo que pasó. Dios levantó a Jabes de lo ordinario y «Dios le concedió lo que pidió» (1 Crónicas 4:10, LBA).

EL DIOS QUE BENDICE

¿Piensa acerca de Dios a la manera que Jabes lo hizo: listo y deseando derramar sus bendiciones sobre esos que claman a Él?

Dios levantó a Jabes de lo ordinario y «Dios le concedió lo que pidió».

1 Crónicas 4:10, LBA

Tricia no tenía en lo absoluto esa visión de Dios. Cuando esta estudiante universitaria de Nueva York trató por primera vez de orar la oración de Jabes, tuvo un tiempo difícil pidiéndole a Dios que la bendijera. «Apenas podía expresar palabras —admite—. Entonces al final me di cuenta de que parte del problema radicaba en lo que tenía que hacer con mi padre. Era alcohólico y se ponía enojado cada vez que le pedía cualquier cosa, ¡incluso su firma para mi libreta de calificaciones!»

Un día, consciente de sus luchas, la esposa del pastor de Tricia la retó a ir a la Biblia y leer los versículos que describían el carácter de Dios. Tal revolucionaria tarea dejó atónita a Tricia por los muchos pasajes que revelaban la bondad de Dios y su deseo de dar a sus hijos. Estaba particularmente conmovida por las palabras que el mismo Dios usó para describirse ante Moisés en Éxodo 34:6: «clemente y compasivo, lento para la ira y grande en amor y fidelidad».

Ahora, Tricia responde y ora a Dios de manera diferente porque cree que los brazos de su Padre celestial están abiertos de par en par, invitándola a pedir.

Quizá sin darse cuenta tiene un cuadro como de que Dios retiene algo, que en realidad no se inclina para bendecirla a usted. Escuche al Salmo 34:10: «Los leoncillos se debilitan y tienen hambre, pero a los que buscan al SEÑOR nada les falta». O a lo mejor creció creyendo que Dios era severo y duro, que no quiere bendecirla por sus errores. Escuche las palabras de David en el Salmo 86:5: «Tú, Señor, eres bueno y perdonador; grande es tu amor por todos los que te invocan».

Tú, Señor, eres bueno y perdonador; grande es tu amor por todos los que te invocan.

Salmo 86:5

Jesús prometió: «Pidan, y se les dará; busquen, y encontrarán; llamen, y se les abrirá. Porque *todo* [incluyendo a Jabes, a usted y a mí] el que pide, recibe; el que busca, encuentra; y al que llama, se le abre» (Mateo 7:7-8, énfasis mío).

Jabes no tenía la ventaja que tenemos hoy en día de leer las palabras de Jesús y de los escritores del Nuevo Testamento. Sin embargo, mucho tiempo antes de que se escribieran las palabras de que «toda buena dádiva y todo don perfecto descienden de lo alto» (Santiago 1:17), Jabes daba la impresión de conocer esta verdad. Dios anhela que usted, también, crea con todo su corazón que su naturaleza es dar cosas buenas a sus hijos. Entonces será capaz de pedir por las bendiciones de Dios, completamente convencida de que Él se deleita en responderle.

LA FORMA DE LAS BENDICIONES DE DIOS

Hasta el momento, quizá está de acuerdo que Dios es más generoso y dador de lo que puede comprender. Sin embargo, a lo mejor también se pregunta: *¿Qué tendrá que ocurrir exactamente en mi vida cuando Dios responde la oración de «Bendíceme»?*

¿Quién mejor que Dios sabe qué darnos?

La palabra bendecir en el sentido bíblico significa impartir un favor sobrenatural. Cuando le pido a Dios que me bendiga, clamo que su bondad y favor se derramen sobre mí. Además, tengo que reconocer que es el único que «puede hacer muchísimo más que todo lo que podamos imaginarnos o pedir» (Efesios 3:20).

Note que la Biblia no registra *cómo* Dios bendijo a Jabes, solo que Dios le concedió su petición. Si supiéramos la bendición específica de Jabes, pudiéramos fallar en la bendición que Dios quiere para nosotros personal e individualmente porque vamos en busca de algo más.

Note también que Jabes dejó por completo que Dios decidiera la forma: cómo, cuándo y de qué manera, vendrían sus bendiciones. ¿Quién mejor que Dios sabe qué darnos?

Bonnie, quien es soltera, no tuvo dudas de que Dios la estaba bendiciendo cuando un amigo le ofreció apilarle un montón de leña. Sin embargo, Anita, una abuela en un asilo de ancianos, contaba las bendiciones de Dios cuando recibía una visita de un familiar, ¡algo que Bonnie todavía no pensaba en que fuera una bendición!

Esto no significa que no podemos ni debemos orar por detalles específicos. Solo significa que orar por una necesidad específica en que estamos metidos es diferente a la oración de «Bendíceme» y esperar a Dios para que nos dé lo que solo Él sabe que servirá nada más que para eso.

He aquí algunas cosas que sabemos acerca de la naturaleza de las bendiciones de Dios.

La bendición de Dios puede ser interna o externa

En el capítulo anterior leímos acerca de Dianne, quien recibió la bendición de un inesperado ascenso en el trabajo. Esa fue una bendición tangible de Dios, algo que se podía ver y experimentar externamente, en el nivel físico. Aunque a menudo, también, la bendición de Dios es algo que es significativo para nosotros en el orden personal y se experimenta internamente, a un nivel espiritual o emocional.

Ese fue el caso de mi amiga Angie. Se encontraba en medio de una crisis familiar y se sentía, según sus propias palabras, «desalentada y que no la amaban». Una mañana, mientras estaba en oración, simplemente le pidió a Dios que la bendijera. Alrededor del mediodía se fue hasta el buzón y descubrió una tarjeta de una persona que hacía meses no sabía de ella. La carta terminaba con: «Angie, solo siento que Dios desea de mí que escriba y diga: "Él en verdad te ama y siempre está contigo"».

La bendición de Angie vino en la forma de una carta de aliento, lo cual representó una nota de amor personal de Dios. Su bendición pudiera venir en la forma de una cita inesperada con su esposo, una oportuna visita a un familiar, una relación restaurada o simplemente que venga a través de un versículo de las Escrituras que habla de manera específica de su motivo de necesidad en ese momento.

La bendición de Dios puede tener lugar en medio de la dificultad

Cuando Joan, una esposa y madre a jornada completa, comenzó a orar la oración de Jabes, aguardaba con esperanzadora antelación por la abundante bendición de Dios. Sin embargo, en su lugar, todo parecía empeorar. «De repente, mi esposo y yo peleábamos más que nunca y nuestra situación financiera nos obligó a visitar un consejero en finanzas». ¿Dónde está la bendición de Dios en toda esta confusión?, se preguntaba Joan.

A lo mejor como Joan, su definición de *bendición* da automáticamente por sentado dinero en el banco y una vida libre de problemas. Sin embargo, Jesús nos advirtió: «En este mundo afrontarán aflicciones» (Juan 16:33). Y Pedro nos dijo: «No se extrañen del fuego de la prueba que están soportando, como si fuera algo insólito» (1 Pedro 4:12).

A veces las pruebas que enfrentamos son solo el resultado natural de vivir en un mundo en ruinas por el pecado. Incluso, quizá vengan a nosotros como el resultado directo de las decisiones pecaminosas de otros. No obstante, es en medio de las luchas y situaciones difíciles que nuestro Padre celestial anhela derramar su sobrenatural favor sobre todos nosotros.

Escuche la explicación de Joan sobre cómo obra esto: «A medida que continuaba pidiéndole a Dios que me bendijera, me reveló algunos asuntos dolorosos que mi esposo y yo necesitábamos resolver a fin de mejorar nuestro matrimonio. Dios usó nuestros conflictos para llevarnos hacia un matrimonio mejor. ¿Y la obligación de obtener asesoramiento financiero? Al final, esta fue la salida que tuvimos debajo de nuestra inmensa montaña de deudas. Nos resultó obvio que mi oración en verdad estaba contestada».

La bendición de Dios no es egoísmo

Dios está al alcance de cada uno de nosotros como la mujer con su habilidad natural e inclinación para cuidar y proteger a otros y hacer sacrificios por nuestra familia. Es gratificante

ponernos al final o arreglárnosla de modo que nuestros
seres amados tengan lo que necesitan. Quizá en nuestro
esfuerzo para ser buenas madres, hasta amonestamos a
nuestros hijos para que no pidan cosas para ellos
mismos. Esto se debe a que casi siempre
creemos o sabemos que pedir por algo
para nosotros mismos significa que
algún otro prescindirá de eso.

Dios nunca
tiene que llevarse
lo de alguien
a fin de dárselo
a algún otro.

Sin embargo, ¡Dios no obra de esa
manera! Sus recursos son ilimitados.
Da sus bendiciones cuando se las
piden, no al primero que las solicita.
Nunca tiene que llevarse lo de alguien
a fin de dárselo a algún otro. No tiene la perspectiva de
que nuestras peticiones por bendición son egoístas.

He aquí otra razón de por qué no es un egoísmo pedir
que Dios nos bendiga. Mientras más bendición tengamos,
más de nuestras bendiciones se derramarán en otros. Como
está a punto de descubrir en el próximo capítulo, uno de los
principales propósitos de Dios en bendecirla es porque entonces puede conmover a otros de manera que los impulse a que
se acerquen a Él.

UNA INVITACIÓN A PEDIR

Dentro de la cubierta de mi Biblia tengo escrita una pequeña historia. Es acerca de un hombre que una vez le pidió a

Napoleón un favor increíble. El hombre sabía que no mere-
cía nada de su gran general, pero Napoleón de inmediato le
concedió su pedido. Cuando alguien le preguntó el porqué,
Napoleón replicó: «Me honró a través de
la magnitud de su petición».

A Dios también se le honra cuando
usted y yo vamos atrevidamente a pedirle
su bendición y favor. Esto se debe a que
pedimos según su grandeza y no de acuerdo con nuestros méritos. El tipo de bendición que estamos pidiendo no se nos concede sobre la base de nuestra forma de actuar, sino solamente sobre la bondad de
Dios. Por esa razón, se honra a Dios en
proporción directa con la magnitud de
nuestra petición.

No importa cuáles sean sus circunstancias actuales, Dios quiere entrar en su
vida, como lo hizo con Jabes, y volver a
escribir el resto de su historia para incluir
su generoso y amoroso favor. No tiene que cambiar su nombre. No tiene que cambiar su pasado. Todo lo que tiene que
hacer es pedir: «Oh Dios, por favor, bendíceme, ¡y bendíceme un montón!»

*El tipo de
bendición
que estamos
pidiendo no se
nos concede
sobre la base
de nuestra
forma de
actuar, sino
solamente sobre
la bondad
de Dios.*

CAPÍTULO TRES

Una vida sin límites

magínese por un momento que hace un viaje al pasado para pasar un día en la casa de Jabes. Después de ponerlo al corriente, Jabes le pide que se una a él en sus oraciones de la mañana. Usted se alegra de hacer algo así. Juntos se arrodillan en el endurecido piso de tierra de la casa. Unos momentos después, logra oír las súplicas de Jabes a Dios por más bendición, que ensanchara su territorio, y por gran protección. Por respeto, permanece quieta después de su «amén».

Sin embargo, más tarde, después de almorzar pan y cordero asado y cebollas, solo le hace una pregunta a Jabes: «¿Qué es exactamente lo que le pide a Dios que haga por usted cuando le dice que ensanche su territorio?»

«Venga —replicó Jabes—, se lo mostraré». La lleva afuera y le indica las hectáreas de tierra que rodean su modesta casa. «Este es mi territorio. Aquí vive mi familia y es donde yo trabajo. Es el lugar por el que tengo la responsabilidad de servir. ¿Ve esas ovejas y cabras? —pregunta señalando un área cubierta de hierba—. Soy un campesino y pastor de ovejas. No puedo sembrar más semillas ni incrementar mi rebaño a menos que tenga más tierra. Por consiguiente, todos los días clamo al Dios de Israel que aumente el tamaño de mi territorio».

Jabes deseaba más negocio, más responsabilidad, para multiplicar lo que Dios ya le había dado.

Ya ve, cuando Jabes le suplica a Dios que ensanche su territorio, le pide por más que solo hectáreas de tierra y cabras. Deseaba más negocio, más responsabilidad, para multiplicar lo que Dios ya le había dado.

Ya sea que tengamos o no tierra, Dios nos ha dado a cada una de nosotras un territorio como el de Jabes: un campo de influencia por el cual tenemos que responder. Su territorio comienza con el lugar en el que vive y trabaja. Su principal morada quizá sea un apartamento de dos habitaciones, una casa en el campo, un cubículo de oficina, un cuarto o, incluso, un asilo de ancianos. Su territorio también incluye las personas que tiene en una posición de impacto: los miembros de su familia, los amigos, los compañeros de trabajo, los vecinos e incluso los extranjeros que encuentra a su paso. Y, por último, en su territorio se incluyen sus posesiones, no solamente las pertenencias materiales, sino también sus dones y talentos únicos.

Haga la prueba con este experimento. Dibuje una caja y luego escriba dentro palabras que representen las personas, los lugares y las posesiones clave en su vida. Su lista quizá incluya notas tales como «mis hijos, Andrés y Jonatán» (personas); «mi trabajo a tiempo parcial en el hospital» (lugares); y «mi talento para cantar» (posesiones).

Después que llene su caja, pregúntese cómo se siente en cuanto a la medida y alcance de su territorio. ¿Está satisfecha? ¡Espero que no! Aunque parezca extraño, creo que Dios quiere que anhele y pida más.

Dios quiere que anhele y pida más.

Sin embargo, ¿más de qué? Cuando oramos: «Ensancha mi territorio», no pedimos por más extensión para criar o alimentar animales (es decir, a menos que seamos campesinas). Pedimos por más de lo que nos ha dado. La palabra en la Biblia usada para *territorio* pudiera traducirse también como «costa» o «fronteras». Cuando le pedimos a Dios que ensanche nuestras fronteras, nos referimos a que remueva los límites de lo que podemos hacer o convertirnos. Le estamos suplicando que nos abra de par en par las puertas de la oportunidad y ensanche nuestro lugar en este mundo.

PROGRAMA DE EXPANSIÓN DE DIOS

Recuerdo la primera vez que escuché una enseñanza sobre esta parte de la oración de Jabes. Mi respuesta inmediata fue:

«¿Más? Espera... un momento. Déjame revisar lo que tengo para el día». En esa época estaba dedicada completamente a ser esposa y madre, demasiado ocupada con dos párvulos en pañales que ni siquiera tenía tiempo para mantener cronometrado el día.

¿Por qué pedirle a Dios que me diera más?

La respuesta no me fue tan obvia hasta que coloqué dos palabras inmediatamente después de la palabra *más*. Estaban las palabras *para ti*. Finalmente, me di cuenta de que al pedirle a Dios más territorio, en realidad le decía: «Déjame hacer más para ti. Ensancha mi territorio de modo que pueda hacer un gran impacto para ti».

«Dios, déjame hacer más para ti. Ensancha mi territorio de modo que pueda hacer un gran impacto para ti».

¿Puede imaginar a su hijo que venga un día y le diga: «Mami, ¿podría tener más responsabilidad? Quiero hacer más para ti?» ¿Qué le respondería (después que la ayude a recoger el piso)? Imagínese cómo se siente Dios cuando usted, su hija, va a expresarle su deseo de darle más a fin de que pueda usar esto para influir en otros para Él.

Debido a que su petición le da gozo a Dios, puede estar segura de que le contestará cuando pida en fe por más territorio. Sin embargo, ¿cómo será su respuesta, sobre todo para nosotras las mujeres?

Consideremos tres maneras que quizá Dios escoja para contestar nuestro clamor por más.

Dios ensanchará su territorio desde el lugar en que está

Cuando Jesús les habló a sus discípulos de que fueran sus testigos, les dijo que comenzaran en casa, Jerusalén, en su propio patio. Como esposas, madres, hijas, viudas o mujeres solteras, el territorio más importante que se nos dio es nuestros seres queridos y nuestras amistades cercanas. Dios no nos pide algún otro lugar. En vez de eso, nos ayuda a descubrir el asombroso potencial que tenemos para impactar al mundo desde nuestra propia sala.

A lo mejor es como Dottie, quien es soltera y vive en un apartamento. Su territorio se está expandiendo a través de un talento particular y pasatiempo favorito. A Dottie le encanta los edredones y los sábados por la mañana tiene en su apartamento a varias adolescentes de su iglesia durante la hora del desayuno. «Comemos, reímos, hablamos y oramos juntas —dice ella—. Y entonces les enseño cómo acolchar». Qué manera más hermosa de hacer que ella disfrute a medida que discipula a esas jovencitas para el Señor.

Tal vez como Marta tiene nietos que viven en otro estado o ya son adultos. Una vez al mes, Marta invita a los hijos de una mamá soltera a su casa para hornear galletas dulces. La mamá disfruta del tiempo libre y los chicos se divierten. Incluso se llevan a casa sus deliciosas creaciones para el postre.

Parte del plan de Dios para ensanchar su territorio podría incluir la crianza de los hijos que algún día lograrán grandes cosas para el reino de Dios. Como la madre de Billy

Graham, quizá críe un hijo que está destinado para influir en la vida de millones de personas.

Dios también quizá ensanche su territorio a través de su esposo. Su apoyo y aliento pueden marcar tremenda diferencia en su habilidad de cumplir lo que Dios le llamó a hacer.

La esposa descrita en Proverbios 31 ejemplifica este principio. Era una mujer de mucha influencia y usaba sus talentos para servir a las personas cercanas y lejanas, aunque su esposo y su familia eran su principal prioridad. Nos referimos a los versículos 12 y 27: «Ella le es fuente de bien [a su esposo], no de mal, todos los días de su vida [...] Está atenta a la marcha de su hogar». También aprendemos que les habla con bondad a sus hijos, se levanta temprano para cuidarlos y se asegura de que estén satisfechas todas las necesidades de su familia por alimentos y ropas. Como resultado: «Su esposo confía plenamente en ella y no necesita de ganancias mal habidas [...] Sus hijos se levantan y la felicitan» (vv. 11,28).

Dios ensanchará su territorio pidiéndole que dé un paso al frente

A veces Dios le pedirá que dé un paso al frente hacia una nueva oportunidad a fin de ensanchar su territorio más allá de donde se encuentra. ¿Recuerda a Dianne, la madre de los gemelos del capítulo 1, quien dijo que Dios la bendijo dándole una clase de Biblia para las mujeres de su iglesia? Después de varios años, los sólidos dones de Dianne para la enseñanza se hicieron evidentes a los que estaban en el liderazgo y le pidieron que fuera maestra en el ministerio de mujeres. Esto la hizo capaz de influir en cada mujer de su iglesia. Dianne «avanzó» hacia una gran arena y ahora su territorio se extiende desde su hogar hacia la iglesia de su comunidad.

Sueann, una joven madre de tres niños pequeños, vio que su territorio se expandió al cruzar la calle. Cuando el esposo de su vecina Jeannie la abandonó, Jeannie necesitó un trabajo a tiempo parcial para alimentar a sus hijos. «Al cuidar de los hijos pequeños de Jeannie tres días a la semana —dice Sueann—, se me han abierto muchas oportunidades de mostrarles el amor de Dios a ellos y a su madre». Como resultado de sus esfuerzos, varias mujeres del vecindario han dado un paso al frente para ofrecer también apoyo y ánimo.

Sueann, una joven madre de tres niños pequeños, vio que su territorio se expandió al cruzar la calle en su vecindario.

Quizá Dios le pida que dé un paso al frente de una manera muy diferente. Esto tal vez incluya una nueva posición en el trabajo que le permita comenzar un grupo de apoyo para madres solteras durante la hora del almuerzo, alistarse como voluntaria en un centro de problemas del embarazo para animar a mujeres jóvenes o incluso participar en una viaje de trabajo de la iglesia para ayudar a construir casas para los desamparados.

La mujer de Proverbios 31 ensanchó su territorio a través de diversas maneras. Estamos hablando de que: «Calcula el valor de un campo y lo compra; con sus ganancias planta un viñedo» (v. 16). Y que: «Tiende la mano al pobre, y con ella sostiene al necesitado» (v. 20).

Dios desea que dé un paso al frente hacia nuevas oportunidades de usar las lecciones que aprendió y los talentos que le dio.

Independientemente de quién es usted y en qué época de su vida está ahora, Dios desea que dé un paso al frente hacia nuevas oportunidades de usar las lecciones que aprendió y los talentos que le dio. Jesús siempre animó a esos con los que estaba en contacto a ir y contar «cuán grandes cosas el Señor ha hecho contigo» (Marcos 5:19, RVR-60).

Dios ensanchará su territorio pidiéndole que dé un paso hacia la vida de alguien

Ahora y entonces, Dios orquestará encuentros divinos con personas que quizá conozca o no. Le pedirá que de momento entre en la vida de alguien para ministrar o ayudar a la persona de alguna manera. Pudiera llamarlas citas Jabes. Podría ocurrir con un pasajero sentado a su lado en un vuelo, la mujer que espera junto a usted en la consulta de un médico o el técnico que le muestra el arreglo de su lavadora de ropas.

Una amiga mía llamada Pat me contó que hacía poco su auto se le rompió en una carretera solitaria. Después de varios intentos de arrancar el automóvil, oró: *Padre, por favor, echa a andar mi auto de modo que pueda llegar a una estación de servicio.* El motor arrancó en el siguiente intento y ella manejó al taller de reparación más cercano. Mirando debajo del capó, el mecánico preguntó: «¿Cómo logró llegar hasta aquí?»

Al parecer, faltaba un cable del motor que hacía imposible que el auto anduviera. Pat, reconociendo esto como una cita Jabes, le contó al hombre que Dios la había llevado allí en respuesta a su oración. Esto condujo con gran naturalidad a una conversación acerca de lo mucho que Dios se preocupa con cada aspecto de nuestra vida.

Dios permite que las personas entren en nuestro territorio a fin de que podamos plantar semillas que después va a regar y hacer crecer.

Una mujer que conozco le encanta pararse en las líneas más largas de las cajas registradoras del supermercado con el objetivo de hablarle a la mujer que va delante o detrás de ella. «Elogio su nuevo bebé o el color de su blusa», dice. «Busco una manera de animarla y decirle que es especial».

Ya ve, Dios permite que las personas entren en nuestro territorio, o nosotros dentro del suyo, a fin de que podamos plantar semillas que después va a regar y hacer crecer. Nuestro trabajo es aguardar por esos encuentros asombrosos.

TRAIGA LO QUE TENGA

Si es como la mayoría de las mujeres de hoy en día, es muy probable que ya se sienta que la halan en demasiadas direcciones. Está cansada, trabaja mucho y tiene demasiado estrés. Aun cuando desee influir más en las personas por Dios, se pregunta dónde encontrará el tiempo y la energía.

¡La comprendo! Por eso es tan importante aferrarse al hecho de que pedir por ensanchar el territorio no es solo rogarle a Dios que le dé más. Por el contrario, esto es una total y nueva manera de observación de su vida y las oportunidades que vengan a su camino.

A lo mejor está pensando: *No estoy segura de que tenga algo que ofrecer o que Dios quiera usar lo que tengo.* Entonces le mostraré una perspectiva del último capítulo del Evangelio de Juan. Como quizá recuerda, los discípulos habían tratado de pescar toda la noche y no habían pescado nada. Jesús está de pie en la orilla y les dice que tiren la red a la derecha de la barca. La Biblia dice que no podían sacar la red debido a la enorme cantidad de pescados.

Mientras se acercaban a la orilla, vieron unas brasas y un pescado encima preparado para sus hambrientos estómagos. Sin embargo, escuchen lo que Jesús dice a continuación: «Traigan algunos de los pescados que acaban de sacar».

¿Qué? Precisamente vieron a Jesús alimentar a miles con unos pocos pescados. No tenía necesidad que ellos contribuyeran en algo al pescado que se asaba en el fuego.

Aun así, Jesús dice: «Traigan lo que *ustedes* tienen». Sabía cuánto les gustaba a esos hombres hambrientos el sabor de su propia pesca fresca, aun cuando le debían a Él el pescado de esa mañana. Además, sabe que cuando usted y yo traemos lo que tenemos que dar, el Señor puede usarlo y alimentar las almas hambrientas que tenemos a nuestro alrededor también. No importa lo que tenga. Lo que importa es que lo traiga y lo coloque en sus manos para usarlo de la manera que Dios quiera.

El ensanchamiento de nuestro territorio nos deja jubilosas, no exhaustas.

El proceso es algo así como esto:

- Pedir a Dios que me permita hacer más para Él;
- Tener el propósito de estar disponible para esos que me rodean;
- Considerar como citas Jabes potenciales los encuentros sorpresivos;
- Reconocer esto según la agenda de Dios, no la mía.

Cuando aplicamos este método, descubrimos que el ensanchamiento de nuestro territorio nos deja jubilosas, no exhaustas.

Esto no significa que nunca hará falta sacrificarse, trabajar mucho en algunas oportunidades o acomodar una actividad nueva dentro de nuestro horario. Esto significa que debido a que Dios solo nos desea lo mejor, podemos confiar que nos ayuda a organizar nuestra vida de una manera que nos fortalezca en lugar de que nos agote. Dios conoce cómo la ha dotado y cómo está su horario. A decir verdad, el plan que tiene para su «más» quizá no sea en realidad para ser más productiva ni que esto la agote.

¿Es una esposa y madre con una armoniosa familia que cuidar? A lo mejor Dios desea usarla para traer sanidad y esperanza a familias dañadas. Tal vez es una mujer soltera con un trabajo que le exige estar mucho en la carretera. ¿Será que Dios quiere usarla para animar a un compañero de viaje o a un colega solitario? O quizá es una mamá soltera que trata de trabajar fuera de casa, enseñar una clase de aeróbicos y educar tres adolescentes. Es probable que Dios le brinde más oportunidades de preocuparse por los amigos que sus adolescentes llevan a casa.

Todo esto significa que necesitará usar discernimiento a medida que se ensanche su territorio. No se trata de que va a aceptar cada invitación, ni que cada desconocido sea una oportunidad. Ore por sabiduría y pídale al Espíritu Santo que la guíe. Asegúrese de que sus motivos son buenos: glorificar a Dios, no a usted. Esfuércese en mantener bien enfocadas sus prioridades: los seres queridos están primero que las carreras e incluso que las tareas de la iglesia. Y siempre tenga en mente que Dios quiere ensanchar su territorio de maneras que no solamente le honren a Él, sino también le den regocijo a usted.

Hace poco una viuda nos envió una historia explicando que siempre había sido una persona detrás del telón, de modo que se inquietaba por qué le pediría Dios cuando oraba: *Permíteme hacer más para ti*. Un día, su pastor asociado la llamó y le preguntó si sería capaz de tener en su casa un desayuno para el personal de la iglesia el siguiente sábado por la mañana. No solamente le encantaba cocinar, sino que la petición fue también la respuesta a su oración. «Cuando abrí la puerta ese sábado por la mañana», dijo ella, «sonreía de oreja a oreja. Ninguno de ellos sabrá nunca cuánto significó eso para mí».

UNA COSECHA ETERNA

Cosas tales como esta merecen la pena experimentar para ver personalmente a Dios decir sí a esta parte en particular de la oración. No solo porque logramos ver que nuestro territorio se ensancha, sino porque logramos ver cómo se ensancha el territorio *de Dios* a través de nosotros.

Piense en esto. Todos conocemos personas que tienen grandes territorios, en el sentido de que tienen una gran cantidad de influencia, riqueza y, hasta quizá, propiedades. Sin embargo, lo que le preocupa a Dios es lo que produce ese territorio. ¿Es una cosecha terrenal o eterna? ¿Está la tierra produciendo frutos para Dios o se está desperdiciando?

Es bueno tener más influencia y responsabilidad. No obstante, solo cuando usamos nuestro territorio para ministrar o alcanzar a otros para Cristo, glorificamos a Dios. A medida que continuamos expandiendo nuestro radio de acción con nuestra influencia, el Señor logra entrar en los corazones y cambiar vidas. ¡No es de sorprenderse que a Dios le encante contestar esta parte de la oración!

Solo cuando usamos nuestro territorio para ministrar o alcanzar a otros para Cristo, glorificamos a Dios.

Hoy le insto a que no solo le pida a Dios que ensanche su territorio, sino también que lo bendiga grandemente y lo use para sus propósitos. Visualice en su mente todo su territorio ahora mismo: cada una de las personas, los lugares y posesiones en su vida. Agradézcale a Dios todo lo que le ha dado. Luego dígale que quiere multiplicarlo una y otra vez. Pídale que ensanche su territorio más allá de sus audaces sueños, hasta que este llegue a todo lo ancho y largo de lo que tiene, ¡incluso hasta el fin de la tierra!

CAPÍTULO CUATRO

Cuando Dios interviene

OH, SI TU MANO
ESTUVIERA CONMIGO.

 os niños comenzaron a inquietarse, pero nuestro culto del domingo por la mañana estaba a punto de finalizar... o al menos eso pensaba. En la conclusión de su mensaje, nuestro pastor nos contó una conmovedora historia. Una adolescente de otro estado había quedado embarazada. «Sus padres la abandonaron —explicó—, y ella necesita un lugar para vivir durante los próximos seis meses». De inmediato, sentí que Dios trataba de ensanchar mi territorio. Era como si el Señor me susurrara amablemente: «Darlene, esta invitación es para ti».

Sin embargo, Señor, razonaba, *nuestros hijos son muy pequeños. No sé nada sobre cómo tratar a los adolescentes. ¿Y cómo se sentirá mi esposo con todo esto?*

Mientras manejábamos a casa, descubrí que Dios le había hablado al corazón de Bruce de manera similar. Por lo

> *Era como si el Señor me susurrara amablemente: «Darlene, esta invitación es para ti».*

47

Convencida de que es incapaz para la tarea, está sobrecogida por el temor, la incompetencia y la aprensión.

tanto, dijimos: «Sí, Señor, llevaremos a esta muchacha a nuestro hogar por ti». Con la decisión confirmada, hicimos los arreglos. Jody llegaría al día siguiente.

Esa tarde estaba sobrecogida con sentimientos de temor e incompetencia. ¿Qué estaba pensando? Retirándome a la terraza del fondo con mi Biblia, derramé mi intranquilo corazón ante el Señor. *Padre*, rogaba, *¡no puedo hacer esto! ¿Qué si ella está en drogas? ¿Cómo voy a saber qué decirle? Me siento débil y sin preparación para enfrentar los problemas de esta niña. Por favor, ¡ayúdame!*

A lo mejor usted reconoce este tipo de situación en su propia vida. Con entusiasmo dice que sí a una emocionante oportunidad de ensanchar su frontera, solo para darse cuenta de que ya la tiene encima. Convencida de que es incapaz para la tarea, está sobrecogida por el temor, la incompetencia y la aprensión. Incluso, a lo mejor se pregunta: *¿Estoy en el lugar adecuado?*

Como está a punto de descubrir, ¡la maravillosa verdad es que se encuentra exactamente donde Dios la quiere a usted!

EN PELIGRO

Hay una razón al porqué de la tercera petición de Jabes: A su petición por más territorio le sigue esta: «Oh, si tu mano estuviera conmigo». Hasta este momento, Jabes quizá pensaba que podría resolver los retos que exigía su territorio. Al fin y al cabo, ¿cuán difícil era alimentar unas pocas cabras y mantener una pequeña parcela de tierra? No obstante, si Dios le daba *más* territorio, esto significaría mayor responsabilidad y grandes retos. Jabes comprendió que no sería capaz de tener éxito sin la ayuda divina y la intervención de Dios.

A fin de ensanchar sus fronteras más lejos de donde están, Dios quiere que se mueva más allá de donde usted se encuentra.

De la misma manera, quizá se sienta capaz de enfrentar lo que le espera por delante *antes* de comenzar a pedir por más territorio. Y si surgió una nueva oportunidad y se sintió incómoda, sin la suficiente habilidad o talento, busca una manera de evitarlo. Fingió que no notaba la mujer sola que lloraba en el restaurante, o se dijo que estaba demasiada ocupada para ministrar a la mujer de su barrio u oficina.

Esas son reacciones comprensibles. Sin embargo, a fin de ensanchar sus fronteras más lejos de donde están, Dios quiere que se mueva más allá de donde *usted* se encuentra; a lo mejor dice que siempre hacia un lugar de peligro.

¿Por qué? No se trata de que la deje a la deriva ni le permita caer, sino que aprenderá a clamar por *su* mano, *su* ayuda, *su* toque en la vida. Solamente entonces puede hacer a través

de usted lo que no puede hacer sin compañía. Y solo entonces va a ser glorificado por su logro... ¡porque es obvio que no
puede ocurrir de ninguna otra manera!

Qué imagen más íntima pintan las palabras *mantén su
mano en mí*. El cuadro es de un Dios amoroso que coloca su
mano en usted de modo que tenga su poder y presencia en el
momento de necesidad. Cuando sale de su zona de comodidad para entrar en un territorio desconocido por Dios, ¡se le
presenta una acertada descripción de lo que exactamente el
Señor desea hacer por usted!

POR SU ESPÍRITU

A través del Antiguo Testamento, la «mano de Dios» repre-
sentaba su poder, su presencia y su provisión para su pueblo.
Cuando Jabes oró por la mano de Dios, estaba pidiendo lite-
ralmente que le diera todo tipo de ayuda divina posible para
cada reto u oportunidad que enfrentaba. Sin embargo, Jabes
experimentaría la mano de Dios en una nueva e incluso más
extraordinaria manera si hubiera vivido en el tiempo de Jesús.

Ya ve, los discípulos estaban también motivados y estu-
vieron a la cabeza para ensanchar su territorio: Judea, Sama-
ria y hasta los confines de la tierra, cuando Jesús los detuvo.
«No se alejen de Jerusalén, sino esperen la promesa del Padre, de la cual les he hablado» (Hechos 1:4). Los discípulos
deben haberse preguntado qué poder era posible que necesi-
taran después de tres años de preparación por el mismo

Jesús: viéndolo trabajar, escuchándolo orar. Aun así, en el día de Pentecostés, la mano de Dios, su poder y presencia, vino sobre ellos en la persona del Espíritu Santo (Hechos 1:8). Solo entonces recibieron el poder de hacer las cosas milagrosas que leemos en el libro de Hechos.

Hoy, usted y yo recibimos el Espíritu Santo de Dios en el momento de nuestra salvación (Hechos 2:38). Dios desea con tanta urgencia estar con nosotros que decidió colocar su propio Espíritu dentro de nosotros. Esto pasa en el mismo momento que aceptamos, por fe, la muerte de su Hijo en la cruz en pago por nuestros pecados. No solamente quiere pasar la eternidad con nosotros; desea estar hoy con nosotros. No obstante, usted y yo todavía tenemos la opción de pasarlo por alto o invitarlo a estar activo en nuestra vida todos los días.

Es obvio, se trata de nuestra ventaja de seguir el mandato de «andad en el Espíritu» (Gálatas 5:16, RVR-60), a ser «guiados por el Espíritu» (Gálatas 5:18, RVR-60), ser «llenos del Espíritu» (Efesios 5:18) sobre una base actual. Cuando le pedimos a nuestro Padre celestial que ponga su mano en nosotros, le rogamos que su presencia y provisión venga a nosotros a través del poder de su Espíritu Santo. Este no es nuestro poder, sino el poder de Dios en nosotros y a través de nosotros que estamos buscando.

No es ninguna sorpresa que sea esencial experimentar la mano de Dios en nosotros a medida que buscamos ensanchar nuestro territorio. Él nos da discernimiento, poder sobrenatural, ánimo y fortaleza para hacer su voluntad, ¡en el momento que clamamos por esto!

Sin embargo, he aquí algo que no quiero que pase por alto. No deberíamos limitar nuestra petición por la mano de Dios sobre nosotros para situaciones de ministerio u oportunidades de ensanchar nuestro territorio. La mano de Dios no solo es muy poderosa, sino que está a la disposición de todas nosotras en otros tipos de situaciones que enfrentamos cada día. Cuando oramos que «tu mano estuviera conmigo», no solamente le pedidos a Dios: «Pon tu mano sobre mí por la siguiente hora mientras estoy hablando». Pedimos que la mano de Dios esté siempre con nosotros.

LA MANO DE DIOS EN ACCIÓN

Usted comprende qué significa pedir por la mano de Dios y por qué la necesita. Sin embargo, ¿cómo se experimenta en verdad la mano de Dios en la vida de diferentes mujeres en diversas circunstancias? Echemos un vistazo a algunas instantáneas que muestran cómo la mano de Dios provee para nosotras en arenas clave.

La mano de Dios obra en sus oportunidades de ministerio

Quizá como Deb se sienta un poco intimidada acerca de hablar de su fe. «Sentía que el Señor deseaba que invitara a mi vecina con la excusa de un café dice ella—, y necesitaba su mano sobre mí para vencer mi temor a que me rechazara».

Una vez que al fin su vecina se sentó en la muy acogedora cocina de Deb, esta descubrió que era capaz de darle con naturalidad su testimonio, lo cual la condujo a una discusión acerca de cosas espirituales. «La mano de Dios no solamente me dio la audacia que necesitaba —dice—, sino que también me dio las palabras adecuadas en respuesta a lo que a veces señalaba o a las preguntas difíciles».

Los comentarios de Deb son el eco de esas palabras de Lucas en Hechos concernientes a la reacción de la multitud a la predicación de Pedro y Juan: [Ellos], al ver la osadía con que hablaban Pedro y Juan, y al darse cuenta de que eran gente sin estudios ni preparación, quedaron asombrados y reconocieron que habían estado con Jesús» (4:13). Lo que hizo que la gente se maravillara no fueron sus habilidades, ¡sino la falta de ellas!

Esto no quiere decir que Dios no usa nuestros dones. Como recordará del capítulo anterior, el don de Dianne de hablar le permitió que su territorio se ensanchara dentro de la iglesia de la comunidad, lo cual incluyó que lo hiciera en el retiro de otoño de mujeres. Después de cada sesión y a veces en la noche, las mujeres buscaban su consejo acerca de sus desgarradores problemas. «A medida que comienzo a hablar con cada mujer —dice Dianne—, soy muy consciente de que solo la mano de Dios puede proveer, a través de mí, lo que necesitan escuchar. Ellas necesitan las respuestas de Dios, no las mías».

Cualquier cosa que Dios la esté animando a hacer por Él en un determinado ministerio, ya sea público o privado, puede estar segura de que su mano le proveerá todo lo que le haga falta, cuando se lo pide.

La mano de Dios obra en su familia

Si es madre, ¡es probable que ya sepa que existen algunas esferas en las que más necesitamos la mano de Dios! Brooke sabía que la mano de Dios era su única esperanza para criar con éxito a su hijo. Con la pérdida de su esposo debido al cáncer solo seis meses antes, estaba desconsolada por las rebeldes decisiones que su adolescente, Jeff, había hecho recientemente. Se daba cuenta de que Jeff seguía apesadumbrado y enojado por la muerte de su papá.

La mano de Dios le proveerá todo lo que le haga falta, cuando se lo pide.

Un día después de un acalorado argumento, Jeff cerró de un portazo su dormitorio y Brooke se retiró llorando a su propio cuarto y se arrodilló junto a su cama. *Padre*, oró, *por favor, pon tu mano sobre nuestro hijo. No puedo llegar hasta él y no puedo remediar el dolor que está sintiendo. Muéstrame, Señor, cómo orar por él.*

Pasó una hora. Todavía sobre sus rodillas, Brooke escuchó un toque en su puerta. «Mamá —la voz de Jeff estaba serena—. ¿Puedo entrar?» Entonces Jeff le contó cómo, en su frustración, abrió su Biblia por primera vez en seis meses y descubrió una carta de su papá. La escribió y colocó allí el día antes que salió del hospital. «Papá me dijo todas las cosas que iba a sentir hacia Dios después que muriera —dijo—, y entonces me recordó que Dios nunca cometía errores».

Jeff continuó contándole a su mamá cómo se arrodilló para pedirle perdón a Dios y que ahora deseaba que ella lo perdonara también.

¡Pida que la mano de Dios esté sobre usted!

¿Está luchando con un hijo rebelde, un bebé con cólicos o un familiar detestable? ¡Pida que la mano de Dios esté sobre usted! Él puede traerle su favor con otros y darle sabiduría para saber cómo orar y qué decir. Es capaz de proveerle la adecuada perspectiva en un problema. La mano de Dios es poderosa para hacer en nuestra familia lo que nunca seríamos capaces de lograr por nuestros propios medios.

La mano de Dios obra en su matrimonio

Esas de nosotras que estamos casadas sabemos que, incluso en las mejores de las circunstancias, necesitamos que la mano de Dios nos capacite para animar y ayudar a nuestros esposos a fin de que sean todo lo que el Señor quiere de ellos. Christine está casada con un irascible y, a veces, insensible hombre. «Necesito todos los días la manos de Dios —confiesa—, para que me provea de la apacibilidad que me permite dar el tipo de respuesta amable que rechaza el enojo [Proverbios 15:1, NVI] mientras trato de ministrar a mi esposo y ser una buena esposa para él».

Danielle tiene un esposo inválido, así que ve la provisión de la mano de Dios de forma diferente. «Cuando estoy exhausta —informa—, Dios me da la fuerza y la paciencia que necesito para hacer las cosas que le hacen falta a mi esposo con un amor genuino».

Cualesquiera que sean lo retos de su matrimonio, solo necesita pedir al Único que tiene recursos ilimitados.

Sin embargo, no limite su opinión de la ayuda de Dios solo para las adversidades de la vida. Por ejemplo, quizá es porque oró por la mano de Dios en usted que se le ocurrió detenerse y recoger un rosal para el nuevo jardín de su esposo. O a lo mejor la presencia de su mano es evidente en su estado de ánimo, su espíritu, su tono de voz. Piense en esto. El Espíritu de Dios puede darle un gran entendimiento en cómo orar mejor por su esposo en tiempos de dificultad, así como cuando las cosas marchan muy bien. Necesita la mano de Dios en las cosas básicas de todos los días simplemente para saber qué decir o cómo hacer frente mejor a sus necesidades. Dios puede mostrarle maneras de ayudar a su esposo a lograr sus sueños. ¡Vaya usted a saber de cuántas maneras su matrimonio puede beneficiarse cuando pide por la mano de Dios!

La mano de Dios obra en el centro de trabajo

Susan trabaja para un jefe muy exigente y que enseguida piensa lo peor. Una mañana, a Susan la llamaron a la oficina del gerente. Su jefe estaba enojado y a voz en cuello comenzó a hacer acusaciones contra Susan que no eran ciertas. «Mi primera reacción fue enojarme y ponerme a la defensiva —dice ella—. Sin embargo, entonces oré en silencio que Dios me ayudara a saber qué hacer».

¿No es maravilloso saber que la mano de Dios puede estar con nosotros en medio de los retos que enfrentamos durante un ajetreado día de trabajo?

Con mucha amabilidad y respeto, Susan respondió a los calumniadores asuntos de su supervisor. Poco a poco su amable y segura conducta alivió la tensión en la habitación.

«Cuando terminó la crisis —dice Susan—, supe que la mano de Dios me dio la paz que necesitaba para permanecer en calma en medio de una explosiva situación».

Los conflictos como el de Susan pasan todos los días en el centro de trabajo. Experimentamos retos a nuestra integridad y presión para poner primero el trabajo. Y a todos, demasiado a menudo, las demandas de hacer frente a diversas personalidades nos llevan a conflictos de algún tipo. ¿No es maravilloso saber que la mano de Dios puede estar con nosotros en medio de los retos que enfrentamos durante un ajetreado día de trabajo? Aun cuando está pensando en un millón de otras cosas, puesto que ha pedido que por su poder y presencia será capaz de experimentar los maravillosos beneficios de su cercanía, incluyendo «la paz de Dios, que sobrepasa todo entendimiento» (Filipenses 4:7).

ABRÁMONOS PASO A LA DEPENDENCIA

Al principio de este capítulo, estaba afuera en mi terraza abrumada con las dudas acerca de mi capacidad para enfrentar una adolescente embarazada. Le diré lo que ocurrió a continuación. A medida que le enumeraba a Dios todas mis debilidades, noté algo que se movía en el piso de cemento cerca de mi pie. Observé de cerca y descubrí algo pequeño y nunca visto... ¡y que arrastraba una inmensa abeja muerta!

A medida que le enumeraba a Dios todas mis debilidades, noté algo que se movía en el piso de cemento cerca de mi pie.

Observé su progreso con extasiada atención y pensé: *¡Increíble! ¡Esto se parece a mí tratando de arrastrar un auto a la autopista!*

Y entonces caí en cuenta. Si Dios puede poner la fuerza suficiente dentro de esta pequeña criatura para halar algo cincuenta veces mayor, me dará la fuerza que necesito para lograr algo por Él que parece demasiado grande de enfrentar.

Ese día fue un punto de cambio para mí, un cambio radical a la dependencia. Me di cuenta de que Dios no estaba limitado por mis debilidades, ¡sino liberado de ellas! A través de mis debilidades Dios logra ser formidable y revela su admirable poder. No sorprende que Jesús le dijera a Pablo: «Te basta con mi gracia, pues mi poder se perfecciona en la debilidad» (2 Corintios 12:9).

A menudo nos equivocamos en qué consiste esto, ¿no es así? Cuando nos sentimos débiles, antes que pedirle a Dios por su fortaleza, nos afanamos por ser fuertes. Incluso, le pedimos que *nos haga* fuertes. Sin embargo, cuando hacemos esto, le arrebatamos a Dios una oportunidad de revelar *su* perfecta fortaleza a través de nuestras debilidades. La adecuada respuesta es decirle a Dios: «No puedo hacer esto. No obstante, sé que tú puedes. ¡Y entonces todo el mundo sabrá que eres tú, no yo, el que es fuerte!»

La próxima vez que se encuentre en una situación en la que necesite la mano de Dios sobre usted, quiero que haga la prueba con algo. Escriba una lista de sus deficiencias. Luego note algo. Ha escrito: «Yo soy... Yo soy...». He ahí su error. Dios quiere que se centre en Él, no en usted. ¿Alguna vez se ha preguntado por qué Dios mismo dice que es el «YO SOY»? A través de los años, cuando he intentado decir: «Pero Dios, yo soy débil...» o

Ese día fue un punto de cambio para mí, un cambio radical a la dependencia.

«Dios, yo soy temerosa...» He encontrado ayuda al imaginar a Dios diciendo lo contrario: «Yo soy tu fortaleza, YO SOY tu valor, YO SOY cualquier cosa que necesites porque "YO SOY el que SOY"» (Éxodo 3:14; Juan 8:58).

Ya ve, Dios no escudriña el horizonte en busca de una supermujer. Está buscando con diligencia a esas que creerán y confiarán en Él para hacer lo humanamente imposible... al igual que Ester.

PARA UN MOMENTO COMO ESTE

¿Recuerda la historia? De manera inesperada, Dios ensanchó el territorio de Ester poniéndola en el palacio del rey donde se convirtió en reina de Persia. Un día su primo Mardoqueo le informó del malvado complot de Amán para destruir a su pueblo, los judíos. Después le pidió que intercediera en su nombre ante el rey. Su reacción natural fue de temor y vacilación. Al fin y al cabo, el rey podía matarla por una acción como esa.

Entonces Mardoqueo le envió un mensaje que incluía estas significativas palabras: «¡Quién sabe si no has llegado al trono precisamente para un momento como este!» (Ester 4:14). ¿Podía depender Ester de su propia fortaleza y valor o podía volver su mirada al Único que es todopoderoso?

Dios no escudriña el horizonte en busca de una supermujer. Está buscando con diligencia a esas que creerán y confiarán en Él para hacer lo humanamente imposible.

Ester le avisó a Mardoqueo que reuniera a todos los judíos de la ciudad para que ayunaran con ella, sin comer ni beber durante tres días, ni de día ni de noche. Dijo: «Yo, por mi parte, ayunaré con mis doncellas al igual que ustedes» (Ester 4:16). Solamente al tercer día se aventuró a entrar al patio interior del rey y el resto de su relato es historia.

No queremos perdernos la oportunidad para experimentar la grandeza de nuestro Dios.

- Ester reconoció que no tenía el poder de salvarse ella ni a su pueblo.
- Ester recordó que Dios la colocó donde estaba por una razón: su propósito y su destino.
- Ester se dio cuenta de que necesitaba el poder de la mano de Dios independientemente de su resultado.

Esta es la manera en que obra para usted y para mí. Primero, miramos a nuestro territorio ensanchado y vemos cuán débiles y desvalidas somos para cumplir lo que Dios nos pidió que hiciéramos. A continuación, recordamos que Dios nos colocó de manera estratégica precisamente donde estamos en este momento de la historia según su plan. Por último, reconocemos que la mano de Dios que está sobre nosotros es poderosa. Y no queremos perdernos la oportunidad para experimentar la grandeza de nuestro Dios.

EL TOQUE DE GRANDEZA

Tome un momento para pensar en las esferas de su vida donde necesita un toque de la grandeza de Dios. A lo mejor quisiera escribir en su diario algunas situaciones en las que sabe que necesita que la mano de Dios esté sobre usted. Luego comprométase a orar la próxima vez que enfrente esa circunstancia, confiando que Dios la atravesará por usted.

Durante todo el tiempo que vivimos con Jody, descubrí que la dependencia de la mano de Dios es un proceso de momento en momento. Al final, Jody vino a ser como parte de la familia. Sin embargo, más importante aun, mientras estuvo con nosotros se convirtió en parte de la familia de Dios. Se le retó a poner en práctica su nueva fe casi al instante cuando optó por permitir que un matrimonio cristiano adoptara a su bebé. La decisión fue agonizante. ¡Pero cuánto más difícil hubiera sido si Jody no hubiera sido capaz de confiar en Dios!

¿No es maravilloso darse cuenta de que todo el taller está en marcha? Si es una nueva creyente o una cristiana madura, Dios sabe con exactitud dónde se encuentra en su andar cristiano y qué es capaz de comprender. Recuerde, Dios está más que deseoso de enseñarle cómo depender de Él con regularidad. No cabe duda que contestará su oración como lo hizo con las de Ester y Jabes. Todo lo que tiene que hacer es pedir: «¡Oh, si tu mano estuviera conmigo!»

La dependencia de la mano de Dios es un proceso de momento en momento.

CAPÍTULO CINCO

Sin riesgos *hacia el éxito*

OH, SI ME
GUARDARAS DEL MAL.

Sue se sentó a la mesa en mi cocina al parecer confundida y desalentada. «Esto no puede estar ocurriendo —dijo negando con la cabeza—. Cyndee y yo siempre nos llevábamos muy bien. Dios estaba bendiciendo nuestra amistad y nuestro ministerio. ¿Qué anduvo mal?»

Durante años, Sue y su mejor amiga Cyndee se esforzaban juntas por conseguir su sueño de una carrera en la música. Personalmente vi el Espíritu de Dios obrando con poder a través de ellas durante sus actuaciones mientras cantaban y testificaban de lo que Dios hizo en sus vidas. Hace poco, terminaron su primera grabación, un sueño hecho realidad.

Ahora, sin embargo, me dijo Sue, las cosas se pusieron un poco tirantes. Durante un reciente ensayo, era obvio que ella y Cyndee no estaban de acuerdo en cuanto a los detalles de una próxima actividad. «Nos dijimos cosas terribles la una a la otra —confesó Sue—, y nos enojamos tanto que no nos hablamos más en tres semanas».

¿Le dice algo la experiencia de Sue? Dios está contestando sus oraciones y la está bendiciendo. Le está dando más territorio, más para hacer por Él. Está aprendiendo a cómo andar en el Espíritu y se encuentra experimentando la mano de Dios en usted de maneras que no pensaba que fueran posibles. Luego, de repente, ocurre lo inesperado, el pecado entra en el cuadro y, como Sue, se pregunta: *¿Qué pasó?*

Creo que Jabes previó un escenario semejante cuando oró la cuarta parte de su oración: «¡Oh, si me guardaras del mal!» Al parecer, Jabes comprendió algo que muchos de nosotros pasamos por alto: Cuando Dios nos bendice y ensancha nuestro territorio, no somos *menos* tentados a pecar (aunque se considerara de esa manera); ¡somos más propensos a la tentación!

Luego, de repente, ocurre lo inesperado, el pecado entra en el cuadro.

Ya ve, a Satanás no le molestan esos que se contentan con hacer unas pocas cosas para Dios. Esos que permanecen en su zona de comodidad no representan una gran amenaza para él. Sin embargo, cuando una comienza a tomar territorio para Dios, ¿se imagina qué territorio está invadiendo?

Una vez que se compromete genuinamente a dejar que Dios haga cosas asombrosas a través de usted y luego depende de su poder sobrenatural para cumplir su agenda, Satanás presta atención. Sabe que no podemos continuar la vida abundante, disfrutando las bendiciones de Dios y haciendo más por nuestro Señor si prevalecen el mal y el pecado en nuestra vida. Ese es el porqué la Biblia nos dice que «su enemigo el diablo ronda como león rugiente, buscando a quién devorar» (1 Pedro 5:8).

¿Comenzó a ver por qué esta parte de la oración de Jabes es tan importante? Miremos más de cerca a lo que Jabes exactamente pidió a Dios que hiciera por él.

GUÁRDAME LEJOS

La primera cosa que quiero que note acerca de la petición final de Jabes es sobre lo que *no* dijo. Jabes no le pidió a Dios que lo guardara ni que lo protegiera en *medio* del mal. No oró: «Guárdame *a través* del mal», ni «Ayúdame a vencerlo». ¡No! Oró: «Si me guardaras *del* mal». Incluso, que no me permitirá acercarme a lo que me tentará a pecar.

Cuando una comienza a tomar territorio para Dios, ¿se imagina qué territorio está invadiendo?

Demasiado a menudo esta estrategia es la antítesis exacta de cómo usted y yo intentamos permanecer fuertes para Dios. Echamos un vistazo a las maravillosamente asombrosas cosas que el Señor está haciendo en nosotras y a través de nosotras, y de manera errónea concluimos: «Puedo enfrentar esta tentación», antes que: «Necesito que Dios mantenga la tentación lejos de mí».

La diferencia entre estos dos métodos es crucial. Esto se debe a que el pecado siempre va precedido por la tentación. Por consiguiente, si podemos *evitar* la tentación, si podemos evitar incluso un encuentro con ella, somos menos propensos a pecar. Esto coincide con lo que Jesús nos enseñó. Jesús les dijo a sus discípulos: «Oren para que no caigan en tentación» (Lucas 22:40). Y cuando ellos le preguntaron cómo orar, Jesús les dio el Padrenuestro, que incluye la petición de «no nos dejes caer en tentación» (Mateo 6:13).

Así que entonces la oración «Si me guardaras del mal» es una petición del mismo Dios de guardar hasta de la tentación que toca a nuestra puerta.

Mi amiga Jessica experimentó cómo actúa esto. «Una noche mi esposo y yo teníamos una acalorada discusión justo antes que él saliera en un viaje de negocios —dice—. Sabiendo cuán vulnerable sería él, le rogué a Dios que lo guardara del mal. Sabía que Dios podía desviarlo de las propuestas de una atractiva mujer en el vestíbulo del hotel que tuviera los ojos puestos en él. O lo cubriría de las acciones o pensamientos que lo tentaran a mirar un canal de televisión indebido. Fue alentador darse cuenta que John se libraría de una lucha en la que sería demasiado impotente para enfrentarla... ¡y ni siquiera lo sabía!»

¿Cuándo fue la última vez que le pidió a Dios que la guardara a usted o a su esposo... su hijo... su amiga... o su pastor?

Orando esta parte de la oración de Jabes no se eliminan todas nuestras tentaciones. No se trata de un escudo mágico que nos protege a nosotras y a los seres queridos. Asimismo, esto no significa que solo nos sentemos de brazos cruzados y confiemos que Dios lo hace todo para guardarnos lejos del mal o de Satanás. Como está a punto de descubrir, representamos una parte crucial también. Usted y yo debemos asegurarnos que mientras estamos pidiéndole a Dios que mantenga alejada la tentación de nosotros, no la invitemos a que se nos acerque haciendo malas decisiones.

NUESTRA PARTE EN EL «GUÁRDAME LEJOS»

Cuando se trata de evitar la tentación, a menudo somos nuestras peores enemigas. Somos como Sansón cuando le reveló con exactitud a Dalila lo que lo haría débil, dejando él mismo la puerta abierta para el ataque. (Puede leer esta historia en Jueces 16.)

Cuando se trata de evitar la tentación, a menudo somos nuestras peores enemigas.

Una de las tácticas principales de Satanás es tentarnos donde somos más débiles. Nuestra parte en el «guárdame lejos», entonces, es reconocer esas esferas donde somos vulnerables y tomar medidas con antelación y preventivas para evitar la tentación.

Una amiga me contó una historia humorística que ilustra lo que quiero decir. Una mujer que estaba a dieta para adelgazar le pidió a Dios que la mantuviera lejos de los postres. Una noche comenzó a encaminarse hacia el refrigerador donde su hijo tenía guardado lo que sobró de su torta de cumpleaños. De inmediato, sonó el teléfono. Su segundo intento lo interrumpió alguien tocando a la puerta. De repente, se dio cuenta de que Dios estaba contestando su oración y la guardaba de ir al refrigerador donde se dejaría tentar.

Nosotras necesitamos hacer todo lo que esté a nuestro alcance para evitar la tentación.

Con humildad, le dio gracias a Dios por hacer su parte. Entonces ella hizo la suya. Guardó un pedazo de la torta de su hijo y le dio el resto a una vecina.

¿Comenzó a ver esto? Cuando en verdad clamamos a Dios que nos guarde lejos de la tentación, el Señor actuará a nombre de nosotras. ¡Es poderoso para guardarnos y librarnos! Sin embargo, entonces *nosotras* necesitamos hacer todo lo que esté a nuestro alcance para evitar la tentación. Podemos cancelar una suscripción cuestionable, o podemos evitar una tienda donde tenemos una historia probada de gastos excesivos. Podemos orar antes de encontrarnos con esa persona que trata de inculcarnos el mal camino. O podemos pedirle a una amiga que nos mantenga dándole explicaciones en una esfera donde somos propensas a pecar.

Todas estas son formas en que podemos hacer nuestra parte cuando le pedimos a Dios que nos guarde del mal.

LA TENTACIÓN DE LA MUJER

Parece relativamente fácil sacar a relucir las categorías de las tentaciones contra las que luchan los hombres, sobre todo el pecado sexual. Sin embargo, ¿qué tipos de tentaciones únicas hacen que las mujeres luchen con más frecuencia?

Hasta ahora hemos mencionado el orgullo y la del exceso de comida entre las tentaciones que enfrentamos (¡como hacen los hombres!). Sin embargo, puesto que es tan importante saber dónde somos debiles tiene sentido considerar con qué tentaciones las mujeres tienden a encontrarse con regularidad.

Hace poco le hice esta pregunta a un grupo de mujeres. He aquí algunas de sus respuestas:

- tentada a quejarme cuando las cosas no marchan a mi manera
- tentada a compararme con otros
- tentada a comprometer lo que sé que es bueno
- tentada a no decir toda la verdad
- tentada a guardar rencor y a rechazar el perdón
- tentada a criticar a otros
- tentada a celar a otros
- tentada a chismear

- tentada a estar descontenta con lo que tengo
- tentada a malgastar el tiempo, como, por ejemplo, pasar muchas horas viendo televisión
- tentada a imaginarme casada con otro hombre
- tentada a darme gusto con libros o programas de los medios de comunicación de contenido cuestionable
- tentada al enojo y a la pérdida del control
- tentada a gritar o castigar a mis hijos

¿Asintió con la cabeza a algunas de estas tentaciones? Algunas de ellas son decisiones obvias del método «guárdame lejos» que acabamos de analizar. No compre el dulce y no sentirá la tentación de comérselo. No compre novelas inadecuadas, sino más bien abastézcase de buenas alternativas.

Sin embargo, note que muchas de esas tentaciones son del tipo que se acercan a hurtadillas y nos toman por sorpresa. En parte, eso se debe a que lo hacen con cosas invisibles, intangibles, que nunca vemos venir, tales como los sentimientos, las actitudes y los asuntos de relaciones.

No debe sorprendernos puesto que como mujeres nos identificamos mucho con lo emocional y relacional. Piense en esto. Si le pide a un hombre que anote sus tentaciones, muchas comienzan fuera de ellos. Si le pide a una mujer que anote sus tentaciones, es probable que comience a hablar acerca de los sentimientos: ira, resentimiento, celo. Y es probable que mencione las relaciones dinámicas: respeto a su jefe, sumisión a su esposo, por ejemplo.

Comprendiendo mejor la naturaleza de nuestras tentaciones nos ayuda a tomar pasos para evitarlas. Por ejemplo, quizá necesitemos tomar ciertas precauciones cuando estemos cansadas o emocionalmente frágiles. O tal vez tengamos que darnos cuenta de que necesitamos hacer algún trabajo en una relación a fin de evitar que recurramos a la tentación del pecado de la ira.

Deseo retarla amablemente hoy a que le pregunte al Señor: «¿Cuáles son las tres esferas en las que experimento más tentación a pecar?» Luego registre las respuestas en su diario. Note cómo muchas de dichas respuestas tienen que ver con su actitud, lo que piensa de la vida, o sus contestaciones a otros. Pídale a Dios que le guarde de esas tentaciones; que le muestre la mejor manera de guardarse *usted misma*. Luego siga el consejo de Santiago: «Así que sométanse a Dios. Resistan al diablo, y *él* huirá de *ustedes*» (Santiago 4:7, énfasis mío).

Comprendiendo mejor la naturaleza de nuestras tentaciones no ayuda a tomar pasas para evitarlas.

LA VICTORIA DE LA ACCIÓN

Hasta ahora hemos hablado acerca de cómo somos capaces de tomar desvíos para evitar por completo la tentación. Sin embargo, ¿qué sucede cuando pasa por alto la rampa de salida y cae de lleno en la tentación?

Cuando se encuentra en esta posición (y quiere), la cosa más importante a recordar es que Dios nos dio dos promesas muy poderosas. Primera, el Señor garantiza que *puede* apartarse de la tentación que enfrenta, si así lo decide. En 1 Corintios 10:13, Dios promete que «es fiel, y no permitirá que ustedes sean tentados más allá de lo que puedan aguantar». Esto es asombroso, ¿verdad?

Segunda, Dios nos dice que personalmente quiere hacer una vía de escape para nosotras. Nos proveerá los medios para soportar la tentación o librarnos de todas sus garras. (¿Recuerda a la mujer que no pudo llegar a su refrigerador por esa torta?)

Estas dos promesas son como los brazos fuertes de Dios alrededor de nosotras cuando nos enfrentamos cara a cara con la tentación. Nos aseguran que la tentación no *tiene* que conducirnos al pecado. Ahora le diré tres maneras muy prácticas con las que puede hacer su parte para aferrarse a esas promesas y derrotar la tentación.

Crea la verdad, no la mentira

Satanás es un engañador. Intenta robarnos la verdad de Dios y en su lugar propone sutiles y engañadoras falsedades tales como: *No me puedo ayudar... Nunca seré capaz de... No creo que Dios quiera...*

Debido a que sabemos que la verdad de Dios nos convence y hace libres (Juan 8:32), podemos vencer la tentación permitiendo que la Escritura restaure la verdad de Dios en nuestra mente. ¿Recuerda cómo respondió Jesús cuando Satanás lo tentó? Declaró en voz alta lo que era verdad y Satanás no pudo argumentar.

Jenn, una mujer profesional de Miami, se enfrentó con la tentación de permitir que el temor la dominara. «Había aprendido un nuevo procedimiento de trabajo —explica—. Y estaba paralizada por todo tipo de pensamientos de temor tales como: *¿Qué si no puedo hacer esto y pierdo mi trabajo? ¿Por qué soy tan tonta?*»

Entonces Jenn recordó 2 Timoteo 1:7, que dice: «Porque no nos ha dado Dios espíritu de cobardía» (RVR-60). De inmediato, entró al baño de mujeres, cerró la puerta y oró en voz alta: «Señor, puesto que este espíritu de cobardía no es de ti, rechazo creer la mentira de que no puedo hacer esto. En su lugar, decido creer la verdad de que "todo lo puedo en Cristo que me fortalece". Aprenderé este procedimiento y te daré la gloria».

Un sentido de paz y calma sustituyó su confusión interna y regresó a su escritorio libre de temores. Atacó la mentira mediante la declaración de la verdad.

Podemos vencer la tentación permitiendo que la Escritura restaure la verdad de Dios en nuestra mente.

Tome cautivo sus pensamientos

Si tiene adolescentes, sabe que a veces es tentador permitir que pensamientos negativos o críticos nos controlen. Raquel estaba cada vez más frustrada con la falta de responsabilidad de su hijo de cuidar a su perro, sus ropas, su colección de discos compactos e incluso su equipo de béisbol. «Cada vez que veía vacío el plato del perro u otra camiseta en el piso del baño —dice ella—, comenzaba a pensar: *Mitch es demasiado irresponsable... No puedo contar con él para nada. ¿Por qué no se parece más a su hermana?*»

Cuando Mitch llegaba a casa de la escuela, los pensamientos negativos de Raquel la indisponían tanto que explotaba. «Mi relación con Mitch se estaba desintegrando, hasta que una mañana escuché una discusión en una emisora de radio cristiana. Se trataba acerca de llevar cautivo todo pensamiento para que se sometiera a Cristo (véase 2 Corintios 10:5).

«Mientras me hacía cargo de mis pensamientos negativos y los llevaba ante el Señor», dijo Raquel, «me di cuenta de que Mitch necesitaba mi instrucción, no mis críticas». En vez de reaccionar airada, Raquel mentalmente encerraba sus pensamientos negativos y se negaba a abrir esa caja. Entonces fue capaz de sacar tranquilamente los resultados que animaron a Mitch a asumir sus responsabilidades con seriedad.

Decida ser humilde

Cuando sienta la tentación de quejarse, de ser crítica, enojarse o negarse a perdonar, hágase esta pregunta. ¿Qué cualidad del carácter falta cuando es negligente porque su «actitud [...] debe ser como la de Cristo Jesús» (Filipenses 2:5)? La respuesta casi siempre es la «humildad».

En la situación de Sue y Cyndee, el orgullo fue el mal que se interpuso en su relación y por un tiempo detuvo su ministerio. Por fortuna, Sue y Cyndee se dieron cuenta de que ambas permitieron que su necesidad de tener «razón», o tomar su propio camino, interfirieran con lo que Dios quería hacer a través de ellas. Se humillaron y se perdonaron la una a la otra. Luego se comprometieron a orar juntas por humildad y gracia antes de cada ensayo.

Lanzar la humildad frente a la tentación es como echar un cubo de agua a un fuego.

Lanzar la humildad frente a la tentación es como echar un cubo de agua a un fuego. ¡Las tentaciones simplemente no se pueden concebir y luego tolerar el pecado en un ambiente de humildad!

Hacía años que Karen y su madre no tenían relaciones amigables. Desde que Karen se convirtió en cristiana, notó incluso más la falta de amor de su madre. Una mañana, mientras Karen leía Mateo 18, el Señor le habló acerca de la parábola del perdón. Razonó que su madre sería la única que debía pedir perdón. Sin embargo, Dios continuó recordándole amablemente a Karen lo que deseaba que hiciera.

«Clamé durante días —dice ella—, antes de ser capaz de humillarme de verdad y no insistir en tenerlo a mi manera». Karen fue a ver a su madre y genuinamente le pidió perdón por las cosas que sabía que habían dañado su relación. «Quizá mamá nunca me pida perdón, pero nuestra comunicación mejoró de manera extraordinaria porque quise, con la ayuda de Dios, decir: "Siento haberte hecho daño"».

No es fácil llevar cautivos los pensamientos de uno, humillarse, ni renovar la mente. Sin embargo, Dios promete darnos su gracia y fortaleza mientras nos encomendamos a sus amorosas manos. Solo entonces somos capaces de descubrir que sus caminos no son nuestros caminos. Y decidimos hacer las cosas a la manera de Dios que nos guardará de algo más que Jabes conocía muy bien...

ESO QUE NO ME CAUSE DOLOR

Jabes tenía una razón muy aparte de su honorable carácter para pedirle a Dios que le guardara del mal. Incluyó lo bueno en su oración: «para que no me causara dolor». Cuando peco, me hago daño a mí misma, a otros y a Dios. Esto se debe a que el pecado:

- afecta mi relación con Dios.
- desilusiona la fe de otros.
- daña la obra de Dios.

¡No nos sorprende que Dios tome tan en serio el pecado y obre con mucha diligencia para ayudarnos a ser libres! Dios, en su bondad, quiere protegernos a todas nosotras de las dolorosas y destructivas consecuen- cias del pecado. Por ese motivo hará cualquier cosa en su poder para guar- darnos del mal... y mantener el mal le- jos de nosotras y de nuestros seres que- ridos.

Dios, en su bondad, quiere protegernos a todas nosotras de las dolorosas y destructivas consecuencias del pecado.

Hace poco, nuestra amiga Dianne lo aprendió de primera mano.

Como recuerda, el territorio de Dianne se ensanchó hasta dar estudios bíblicos que incluían disertar a grupos grandes de mujeres en los retiros. «Dios usaba mi enseñanza en la vida de cientos de mujeres —dice ella—. ¡Era asombroso!» Otro milagro fue que a pe- sar de que su esposo, Frank, no era cristiano, le dio su apoyo e incluso cuidaba a los gemelos cuando ella estaba de viaje.

Entonces una mañana, alrededor de un año después de su primer retiro, Dianne supo que algo había cambiado. Mientras oraba por su familia: *Señor, guárdanos del mal*, de inmediato la golpeó este pensamiento: *Necesitas estar en casa*.

«No podía comprenderlo —dice ella—. «Dios estaba bendiciendo mi ministerio y me encantaba enseñar. ¿Por qué no podía hacer las dos cosas?»

Durante días Dianne luchó con la continua urgencia en su corazón. Por último, con llanto, rindió a Dios su deseo de enseñar a las mujeres. Se comprometió a no aceptar ningún compromiso de conferencias por al menos los próximos seis meses.

Ahora Dianne mira al pasado y dice: «¡Estoy muy abrumada ante la fidelidad de Dios!»

Esa noche, Dianne le dijo su decisión a su esposo. Después que terminó, él guardó silencio. Al final, motivado por la ternura de Dianne, Frank le confesó cuán difícil había sido para él y los niños el año pasado. Le contó que había tenido problemas en el trabajo y que ella nunca estaba cerca ni disponible cuando él necesitaba hablar.

«Sin embargo, eso no fue todo —dice—. Cuando escuché lo siguiente, se me paralizó el corazón». Frank continuó diciéndole a Dianne que una mujer se le había insinuado en el trabajo. Frank permaneció físicamente leal a Dianne, pero admitió que cada vez le era más difícil permanecerle fiel en sus pensamientos.

Dianne estaba pasmada por la revelación de Frank. Aun así, esa misma noche ella y Frank comenzaron a dar pasos para restaurar su relación. Ahora mira al pasado y dice: «¡Estoy muy abrumada ante la fidelidad de Dios! Además, vi cuán importante fue mi respuesta. ¿Qué hubiera pasado si no obedezco la petición de Dios de renunciar a las conferencias y estar en casa?»

Durante los siguientes años Dianne y su esposo trabajaron en mejorar su matrimonio. Entonces, un día, Frank sorprendió a Dianne al sugerirle que comenzara de nuevo alguna de sus conferencias. «Al principio, estaba asombrada y muy indecisa —dice Dianne—. Sin embargo, finalmente comprendí. Dios no me había dicho que no me quería jamás en el ministerio de mujeres, todo lo contrario. Se preocupó muchísimo de ensanchar esta parte de mi territorio que Él protegió. Hizo un alto por un tiempo, de modo que pudiera continuar más tarde, con mis prioridades en orden, mi vida en equilibrio y bendiciendo a mi fiel esposo».

La historia de Dianne nos hace recordar de cuán astuto puede ser Satanás y cuán importante es que obedezcamos a Dios. Aunque esto también es un recordatorio de cuán diligente y fielmente Dios obra en nuestra vida para guardarnos del pecado y sus devastadoras consecuencias. Sí, usted necesita estar alerta a las asechanzas del enemigo y entonces hacer su parte en resistir la tentación. Como nos recuerda el apóstol Juan: «El que está en ustedes es más poderoso que el que está en el mundo» (1 Juan 4:4).

La victoria es nuestra cuando oramos, como Jabes: «Oh, si me guardaras del mal».

CAPÍTULO SEIS

Nunca la misma

Y DIOS LE CONCEDIÓ LO QUE PIDIÓ.

«¡Estamos casi allí!» Mis hijos escucharon mi tranquilizante tono de voz, pero después de quince horas de manejar, enfrentarse a: «Casi allí», ¡no es tan bueno como estar allí!

¿Y qué en cuanto a usted? ¿Está «casi» convencida de que la vida abundante, la vida para la que fue hecha, es solo una oración lejana? ¿O experimentará «estar allí» al decidirse a orar la oración de Jabes a partir de hoy?

A cada momento, Bruce y yo escuchamos la misma cosa: «¡Dios cambió mi vida a través de la oración de Jabes y nunca más seré el mismo!»

¿Por qué esta pequeña oración tiene tales efectos positivos en esos que se comprometen sinceramente a orarla? Quizá se deba a que nos conduce a descubrir lo que Dios siempre ha sabido: ¡estamos hechos para vivir de esa manera! ¿Qué es lo que posiblemente agrade más el corazón de Dios que tener hijos que le pidan sus bendiciones, lo busquen más, dependan de su Espíritu e imploren su protección?

Como madre, le encanta ver a sus hijos satisfechos y contentos. Le entristece cuando ellos hacen precisamente lo contrario de lo que les dijo y las consecuencias traen dolor. ¿Por qué pensamos que nuestro Padre celestial es algo diferente?

Como madre, le encanta ver a sus hijos satisfechos y contentos.

Caminar con Dios tiene que ser la experiencia más emocionante de la vida. Y la oración de Jabes nos acerca más hacia un cambio de lo que debe ser esta. De modo que, ¿sería posible que usted o cualquiera se abstuviera de orar la oración de Jabes?

ÁBRASE PASO A LA VIDA BENDECIDA

Si todavía está varada en el «casi allí», quizá los siguientes pasos le ayudarán a liberarse. Si ya está «allí», ¡enhorabuena! Estos son todavía puntos críticos para que comprenda y sea capaz de pasar a los demás.

Decida ser persistente

Recuerdo la primera vez que oré la oración de Jabes. Unos días después, cuando nada particularmente emocionante ocurrió, comencé a desalentarme. Pero entonces me pregunté algo: ¿Les das siempre a tus hijos lo que quieren en cuanto te lo piden?

Recordé a Chrissi y Dann, amigos míos que tienen una adolescente llamada Krista. A veces, cuando Krista va a ver a sus padres y les pide algo, ellos no le dan enseguida la respuesta. Solo dicen: «Ya veremos». Después, Chrissi y Dann discuten su petición y deciden lo que van a responderle. Aun cuando es sí, nunca se lo dicen enseguida a Krista.

Durante los próximos días, escuchan a Krista darles todas las creativas razones de por qué cree que deberían decir que sí. Disfrutan mirando su persistencia y les encanta sus sinceros intentos de persuadirlos. A menudo, se trata de un proceso beneficioso para los tres a medida que analizan los pros y los contras de conceder la petición. Cuando finalmente le dan a Krista el sí que tanto esperaba, su deleite y entusiasmo es aun mayor que si se lo hubieran dado enseguida el primer día.

Cuando al final actúa concediéndonos la petición, su deleite es tan inmenso como el nuestro.

Creo que Dios, como nuestro Padre celestial, siente de la misma manera. Aun cuando ya conoce nuestro corazón, desea que pasemos el proceso de la petición persistente por lo que deseamos. Sabe que mientras hacemos esto, llegamos a estar convencidos de que estamos pidiendo lo que Él quiere darnos. Cuando al final actúa concediéndonos la petición, su deleite es tan inmenso como el nuestro.

Recuerde que las respuestas de Dios son individuales

La oración de Jabes en sus cuatro partes será la misma para todas nosotras:

- Pediré y esperaré la bendición de Dios sobre mí.
- Rogaré por más territorio y responderé a las oportunidades cuando vengan.
- Dependeré de la mano de Dios para que me guíe y dirija a cumplir lo que no podría hacer sola.
- Le pediré a Dios que me guarde lejos del mal de modo que no le cause penas a otros, a Dios ni a mí misma.

Sin embargo, ¡la manera de Dios para responder esta oración nunca será igual para mí ni para usted! No se puede hacer un duplicado de la vida de una persona y pasarlo a la de otra. Cada una experimentará respuestas totalmente diferentes en circunstancias distintas por completo, con personas del todo diferentes, con lecciones que no se parecerán en nada, con bendiciones totalmente distintas... Ya entiende. Este no es un proyecto de grupo.

Es muy importante que tenga esto en mente mientras continúa orando esta oración y ve las respuestas de Dios. Quizá Dios bendiga a una buena amiga con un microbús o un ascenso en el trabajo. Y si pasa por alto este principio, podría terminar sintiéndose menos bendecida. Sin embargo, la verdad es que Dios nos bendice y responde nuestras oraciones a la perfección. Nunca comete errores ni da menos de lo debido a sus hijos. Cada respuesta que Dios nos da tiene la intención de satisfacer nuestras necesidades únicas y llevar adelante los propósitos del Señor en nuestra vida. Dios nos está transformando a cada una de nosotras individualmente. Es mi relación personal con Dios la que está recibiendo la influencia. Es su relación personal con Dios la que está recibiendo la influencia... de diferentes maneras. Aun así, ¡todo es para su gloria!

¡La manera de Dios para responder esta oración nunca será igual para mí ni para usted!

Haga que la oración sea parte del estilo de vida de su familia

Hay muchísima verdad en el viejo refrán que dice: «La familia que ora unida permanece unida». Sin embargo, ¿qué cree? La familia que ora la oración de Jabes unida no solo permanece unida; ¡logra la bendición unida!

Incluso los hijos pequeños pueden entender los conceptos básicos de esta pequeña oración. Divídaselas en sencillas ideas, tales como: «Dios quiere que tengas muchos amigos y les hables acerca de Jesús»; «Dios quiere ayudarte y hacerte fuerte para Él»; y «Dios quiere mantenerte lejos de las cosas malas».

Casi todas las noches en la cena, una madre que conozco les preguntaba a sus hijos en edad de preuniversitario lo siguiente: «¿Tuvieron alguna cita Jabes hoy?» La mayoría de las veces tenían una emocionante historia que contar.

Otra manera de lograr que Jabes sea parte de la vida de su familia es orando la oración en beneficio de su familia, amigos e iglesia. Una madre que conozco les ora la oración en voz alta a sus hijos a la hora de acostarse, mientras que otra mamá, sin embargo, susurra la oración cada mañana mientras sus hijos salen de la casa para tomar el ómnibus de la escuela. Si usted es como la mayoría de las mujeres, variará las palabras todos los días y las adaptará a las situaciones únicas mientras ora por otros. Eso es bueno. No, ¡eso es maravilloso!

Mantenga un récord de su peregrinaje de oración

Toma menos de treinta segundos orar la oración de Jabes. Sin embargo, recuerde que esta es una pequeña oración con grandes resultados. Ese es el porqué le animo a hacer lo siguiente:

- Opte por orar la oración de Jabes todas las mañanas durante treinta días y marque en su almanaque el día que comienza, de modo que pueda mantener un registro de cuándo reconoce la primera respuesta de Dios.

- Comience un cuaderno o diario para registrar las citas divinas que Dios le provee durante el día. Solo recuerde, ¡esas interrupciones en su horario quizá sean oportunidades divinas!

- Pídale a una amiga que le dé la responsabilidad por el siguiente mes de contarle lo que Dios está haciendo en su vida a través de la oración de Jabes.

UN ESTILO DE VIDA JABES

Una y otra vez que les hablo a las mujeres, me han dicho: «Esto es más que una oración. Es un estilo de vida».

Dios nunca comete errores ni da menos de lo debido a sus hijos.

¿Qué quieren decir? Sin duda, no se trata de que adoren a Jabes en lugar de Jesús. Tampoco pienso que signifique que se pongan la cadena de Jabes ni beban solo tazas de café de Jabes. Lo que están diciendo es que orando la oración de Jabes se cambia tan extraordinariamente la manera de pensar acerca de Dios y de la vida, que esto influye en toda su perspectiva de la vida de cada día.

¿Y cómo no podría? Cuando ora: «Señor, ¡bendíceme en verdad!», está recordando que la naturaleza de Dios es bendecir, que es un Dios bueno y amoroso.

Cuando ora: «Señor, ensancha mi territorio», está recordando que tiene una misión importante aquí en la tierra.

Cuando ora: «Señor, que tu mano esté conmigo», está recordando que el poder de Dios está a su disposición en cada momento y de una manera sobrenatural. De repente, ¡todo parece posible!

Y, por último, cuando ora: «Guárdame del mal, para que no me cause dolor», está recordando que Dios tiene el poder de protegerla y que cuando peque se hará daño usted misma, a otros y a Dios.

Estos son cuatro sencillos mensajes, pero que cambian vidas: Dios quiere bendecirme. Dios quiere usarme. Dios quiere darme poder. Dios quiere protegerme. Cuando oramos de esta manera día tras día, esas verdades vienen a ser parte de nuestra conciencia y poco a poco comenzamos a aceptarlas y van a influir en nuestras acciones. Comenzamos a considerar las bendiciones de Dios. Comenzamos a ver personas con potencial de ministerio. Comenzamos a ver el poder de Dios como nunca antes y, puesto que no queremos romper el ciclo de las bendiciones de Dios, tenemos más responsabilidad que nunca en mantener lejos de nosotros el mal y el pecado.

Dios quiere bendecirme. Dios quiere usarme. Dios quiere darme poder. Dios quiere protegerme.

¿La puedo alentar a adoptar el estilo de vida de Jabes? Ha estado lejos y de puntillas demasiado tiempo. La hicieron para más que estar mirando hacia arriba como hasta ahora. ¿No es tiempo de permitirle a Dios que le muestre el gran panorama, el desfile completo?

EL FINAL DE LA HISTORIA

Puesto que estamos cerca del final de este libro, le hablaré acerca del final de la historia de Jabes. ¿Recuerda cómo terminó? «Y Dios le concedió lo que pidió» (1 Crónicas 4:10).

Le diré algo. Si alguien fuera a narrar su historia en el final de su vida, ¿qué leería? ¿La describiría como más ilustre? ¿Contaría acerca de cómo oró? ¿Cómo describiría su estilo de vida?

Si ora sinceramente la oración de Jabes con regularidad y responde a la mano de Dios en su vida, hay una cosa que puede saber a ciencia cierta, y ese es el final de su historia. No tengo dudas que leería: «Y Dios le concedió lo que pidió».

Sin embargo, todavía no ha llegado el final, ¿no es así? Hay aún muchísimo que hacer, aprender y ver. La vida con Dios es una interminable y apasionante aventura. Y Dios no quiere que se la pierda ni siquiera un instante. Ese es el porqué desea escuchar hoy su voz, pidiéndole bendiciones y una grandiosa vista de todo lo que es posible. ¡Llegó el momento de disfrutar el desfile!

Guía de estudio

1. ¿Alguna vez se ha sentido como la niñita que luchaba para ver el desfile? ¿Qué obstáculos pudieran estar bloqueando su vista de las cosas grandes de la vida que Dios tiene en mente para usted?

2. Lea 1 Corintios 2:9-16. ¿Cómo pudiera la mente de Cristo ayudarle a vencer esos obstáculos y darle una nueva perspectiva de lo que Dios le tiene reservado?

3. ¿Qué significa para usted la palabra honorable? Nombre una mujer que conoce que considera honorable. ¿Qué es lo que le ha impresionado de su vida? ¿Se considera honorable? Sí o no, ¿por qué?

4. ¿Por qué piensa que la Biblia no registra detalles de la vida de Jabes ni antes ni después de su oración? Véase Romanos 15:4.

5. Busque Efesios 2:10. ¿Piensa que está viviendo el propósito único que Dios planeó para usted antes que incluso naciera? Sí o no, ¿por qué?

6. Busque Mateo 13:58; Marcos 6:5-6; y Hebreos 11:6. ¿Qué revelan esos pasajes acerca de cómo se debe orar la oración de Jabes? ¿Por qué piensa que este método es tan importante para Dios?

7. ¿Alguna vez ha sentido a Dios obrando poderosamente a través de usted a fin de tocar la vida de alguna otra persona para Él? ¿Qué pasó? ¿Cuán encarecidamente desea que esto ocurra con más frecuencia?

1. ¿Alguna vez le han dado nombres negativos y ofensivos? ¿Qué efectos hicieron en usted? Busque 1 Pedro 2:9-10. ¿Cuánto le agrada describirse como Dios describe a su pueblo?

2. A Jabes se le dio un nombre que le desfavorecía. ¿Cree que hay desventajas en su vida que le impiden tener una vida bendecida? Lea Romanos 8:28. ¿Cómo en realidad pudiera Dios usar esas mismas cosas para bendecirla?

3. A pesar de su desafortunado comienzo, Jabes decidió creer que Dios lo bendeciría. En una escala del uno al diez, ¿hasta qué punto cree que Dios *desea* bendecirla y que su naturaleza es para bendecir? Explique su respuesta.

4. ¿Diciendo «bendíceme» le hace sentir egoísta? Lea Mateo 7:7-8. ¿Qué le dice esto acerca del deseo de Dios de bendecir y su perspectiva sobre su petición?

5. Describa un momento en los recientes días en que se sintió bendecida por Dios. ¿Cómo respondió? ¿De qué manera la bendición de Dios en su vida traería como resultado la gloria de Él? Véase Lucas 8:39.

6. ¿Recuerda alguna vez cuando Dios la bendijo de modo que fue posible bendecir a otra persona? Describa lo que sintió.

7. ¿Hasta qué punto confía en que Dios sabe la mejor manera de bendecirla? Describa lo que piensa que quizá su vida pareciera si Dios pasara para bendecirla... y bendecirla un *montón*. ¿Hay algo que todavía la detiene para pedir la bendición de Dios?

1. Si no hizo una descripción global de su territorio la primera vez que leyó este capítulo, hágalo ahora. ¿Está satisfecha con su medida? Cuando piensa en su territorio en términos de su potencial para influir en otros por Cristo, ¿cómo cambia su manera de sentir?

2. Nombre dos o más personas sobre las que ha ejercido influencia, pero que no ha tratado conscientemente de influir para Dios. ¿Qué podría hacer para cambiar eso esta semana? ¿Qué versículos vienen a su mente que le ayudarían a motivarla?

3. Nombre esferas específicas en las que nosotras las mujeres podemos estar demasiado ocupadas. ¿Cómo nos permitiría Dios hacer más para Él en cada una de esas esferas sin que estas sean «más para hacer»?

4. Considere las tres maneras (bosquejadas en este capítulo) que Dios pudiera decidir contestar su clamor por más. Dé un ejemplo de cómo cada una de ellas representaría un papel en su vida. ¿Le llenan estas posibilidades de gozosa expectativa? Si no es así, ¿por qué?

5. Escriba tres de sus dones o talentos, piénselos bien, que Dios puede usar para animar o ayudar a otra persona. ¿Qué nos dice Gálatas 6:9-10 acerca de lo que debemos hacer o no?

6. ¿Alguna vez tuvo un encuentro que, al mirar hacia atrás ahora, se consideraría una cita Jabes? Describa qué pasó. ¿Cuánto anhela experimentar más de esos tipos de citas divinas?

7. ¿Cuál es el mayor sueño que ha tenido para su carrera o su ministerio a otros? ¿Cómo podría ayudar la oración de Jabes para que este sueño se convierta en realidad? ¿Qué revela 2 Corintios 9:8 acerca de lo que Dios puede llevar a cabo por nosotros?

Capítulo cuatro

1. Lea 2 Corintios 12:7-10. Después que Pablo le suplicó al Señor, ¿cómo llegó a ser la respuesta a su propia situación? Discuta las diferentes manera que nosotros respondemos cuando estamos abrumadas o convencidas de que la mano de Dios en nosotros no es suficiente. ¿Cómo podemos llegar a tener la misma respuesta que tuvo Pablo, y lo que sinceramente implica?

2. Describa una vez cuando supo que la mano de Dios estaba con usted en una situación temible o abrumadora. ¿Qué pasó? ¿Qué le convenció de que Dios estaba presente?

3. Observe la respuesta de Jesús en Mateo 26:39. ¿Por qué a veces nos es difícil depender por completo de Dios? Señale algunos de los temores que enfrentamos cuando dependemos de la mano de Dios para nuestra provisión. ¿Qué nos dice 2 Timoteo 1:7?

4. Según Gálatas 5:22-25, ¿cómo se manifiesta la mano de Dios en nuestra vida? ¿De qué manera la declaración de Jesús en Marcos 10:27 nos convence de que la mano de Dios en nosotros marcará una diferencia?

5. Lea Hechos 4:19-31. ¿Cómo proveyó la mano de Dios para Pedro y Juan? Analice las diferencias entre la presencia y la ausencia de la mano de Dios en las siguientes situaciones: en una oportunidad de ministrar, en la crianza de los hijos, en el matrimonio y en el mercado.

6. ¿Qué hizo la reina Ester antes de ver la provisión de la mano de Dios? (Véase Ester 4:15-16.) ¿Cómo podría la oración y

el ayuno ayudarnos a experimentar la mano de Dios en nosotros? (Véase Nehemías 1:4-6.)

7. ¿Encuentra que es difícil descansar en Dios en esferas donde tiene ciertas habilidades, talentos y ventajas? ¿Cómo puede convertirse a propósito dependiente de Dios cuando siente menos la necesidad de su ayuda?

Capítulo cinco

1. En nuestra cultura, ¿qué consideraría la persona promedio que es «malo»? Como cristiana, ¿cómo definiría la palabra *mal*?

2. ¿Qué le dijo Dios a Moisés en Levítico 10:3? Cuando consideramos a Dios como santo, ¿cómo cambia nuestra perspectiva sobre el mal?

3. ¿Por qué Satanás busca devorar (1 Pedro 5:8) a esos que quieren hacer más para Dios y quienes dependen del Espíritu de Dios para cumplir sus propósitos? ¿Qué ánimo nos da Santiago 4:7?

4. Juntas, analicemos la lista de tentaciones que enfrentan las mujeres (aparecen en este capítulo). ¿Con cuáles de esas se identifica más? ¿Qué pasos puede dar para evitar la tentación? Véase Efesios 4:26-32 para un consejo práctico.

5. Cuando oramos: «guárdanos del mal», no solo pedimos que nos guarde del acto de pecar, sino también que nos proteja de cualquier mal que nos pudieran causar. ¿Qué pasos podríamos dar para proteger nuestro hogar y familia de las influencias malignas externas? ¿Qué nos promete Dios en 2 Tesalonicenses 3:2-3?

6. ¿Cómo ha experimentado el dolor de las causas de su pecado? ¿Cómo experimentó el dolor de las causas del pecado de otras personas?

7. ¿Qué maravillosa promesa nos dio Juan en 1 Juan 1:9? ¿Cómo podría la práctica de esta verdad ayudar a que la bendición de Dios fluya en nuestra vida?

1. ¿Cómo cambió su punto de vista de lo que Dios desea para su vida aprendiendo acerca de la oración de Jabes? ¿De qué manera cambia la forma de pensar acerca de su futuro?

2. Lea qué dijo Jesús en Juan 10:10. ¿Cómo describiría una persona que tiene una vida «más abundante»? ¿Es así como describiría su propia vida? Sí o no, ¿por qué?

3. ¿Cómo desarrollaría un estilo de vida Jabes? ¿Qué cambios podría involucrar para usted personalmente?

4. ¿Con cuánta regularidad se comprometería a orar la oración de Jabes en los meses siguientes? ¿Cómo cree que este compromiso influiría en el resto de su vida de oración?

5. Analice cómo una mujer que está orando la oración de Jabes por muchos años podría describir su vida, frente a una mujer que no lo hace. ¿Qué podría ser diferente en esas mujeres, sus familias, sus cualidades de carácter y su fe?

6. Lea Colosenses 4:2-6. ¿Cómo este pasaje se hace eco de las peticiones en la oración de Jabes?

7. Al final de su vida, si escribiera un resumen en tres oraciones de todo lo que llegó a ser y hacer para Dios en toda su vida, ¿qué desearía decir?

A la Editorial y a su autora les encantaría
escuchar sus comentarios acerca de este libro.

POR FAVOR, COMUNÍQUESE CON NOSOTROS EN:
www.editorialunilit.com